천진난만 국제개발

시골 공무원, 지구촌 여전사가 되다

시골 공무원, 지구촌 여전사가 되다

천진난만 국제개발

초판 1쇄 발행 2020년 2월 20일

지은이 ㅣ 손수진
일러스트 ㅣ 원주영
디자인 ㅣ 참디자인

펴낸이 ㅣ 최재용
펴낸곳 ㅣ 컨텐츠조우
등 록 ㅣ 2019년 9월 26일 제2019-000073호
주 소 ㅣ 서울시 용산구 한강대로104가길 11-8, B03호
전 화 ㅣ 02-310-9775
팩 스 ㅣ 02-310-9772
이메일 ㅣ jowoocnc@gmail.com

ⓒ손수진 2020

ISBN 979-11-963624-3-0 (03330)

천진난만 국제개발

**시골 공무원
지구촌 여전사가
되다**

손수진 지음

정신줄 잡잣!

컨텐츠조우

목차

·
·
·

전쟁의 폐허 속에서도 친절을 베푸는 나라 아프가니스탄

첫 번째 길
전쟁의 폐허 속에서도 친절을 베푸는 나라 아프가니스탄

2003. 8 - 2007. 8

| Prologue |

2003년 8월, 국제봉사단 모집공고를 보고 반가운 마음에 신청했는데 덜컥 합격이 되어버렸다. 공고에 나온 봉사활동 사진들을 살펴보니 20대 초.중반의 대학생들이 대부분이어서 30대 중반인 나는 당연히 탈락될 줄 알았다. 며칠 간의 고민 끝에 사직서를 제출하고 카불로 들어갔다. 그 당시 우리 단체는 긴급구호뿐만 아니라 도시빈민층 자녀들을 위한 교육지원, 가난한 환자들을 위한 초음파 진단센터 운영, 시골 보건소 지원 등의 프로젝트를 진행 중이었고, 그 후 여성교육문화센터, 병원 운영 등으로 영역을 확대해 나갔다. 봉사단원인 나는 수도 카불의 본부 사무실에서 1년 동안 행정시스템 정비 보조와 회계업무를 지원하고 귀국했다. 그리고 2년 후 그렇게도 그리워하던 곳으로 다시 들어갔다. 여성교육문화센터 책임자로 파견되어 빈곤여성들의 삶의 질 향상을 위한 교육 · 문화 프로그램을 진행했다. 그러다 아프간 한인 피랍사태가 터지는 바람에 아쉬움을 남기고 그곳을 떠나게 되었다. 그곳 사람들은 처절한 가난에 허덕이며 폭격을 맞아 기울어진 건물 안에서 살든, 달동네 언덕의 단칸방에 열 명이 바글거리며 살든, 찾아온 손님에게 차 한 잔 대접하는 친절을 잊지 않는다. 단 한 번이라도 이곳을 경험한 사람이라면 누구나 사랑할 수밖에 없는, 결코 잊히지 않는 나라다.

공무원 사직하다

지금 내 책상 위에는 빈 종이 한 장이 달랑 놓여있다. 난생처음 써보는 것이라 손 끝이 약간 떨린다. 한참 동안 그 빈 종이를 내려다보다 뭔가 결심한 듯 신중하게 한 자 한 자 써 내려가기 시작한다.

'상기 본인은 개인적인 사유로 인해 사직원을 제출합니다.'

10여 년의 공무원 생활에 마침표를 찍으려는 순간이다. 갑자기 수많은 생각들이 밀려온다. 내가 정말 잘하고 있는 것인지, 아주 잠깐 사표가 반려되었으면 하는 생각도 들었지만 얼른 도장을 찍고는 서둘러 제출한다.

사표 수리는 의외로 간단했다. 이제 난 공무원이라는 안정된 조직으로부터 떨어져 나가는 것이다. 갑자기 서글픔과 두려움이 엄습했다. 그동안 얼마나 많은 혜택을 누리며 살았는지 울타리 밖으로 나서는 순간 깨닫게 되겠지?

어떻게 살아야 잘 사는 것일까? 누구나 고민하는 문제다. 하지만 대부분 고민만 하다가 또다시 일상에 매몰되어 그런 고민은 잊고 살아가는 게 우리 인생이다. 이렇게 살다보니 내 인생이 서른 중반을 지나고 있었다. 일 할 수 있는 나이를 70세까지 봤을 때 이제 반밖에 안 남았다고 생각하니 시간이 아까워졌다. 이 나머지 시간을 무얼 하며 살아야 할지 고민되기 시작했다. 지금까지와는 다르게 살고 싶다. 사람은 자기가 접촉하는 방식으로만 세상을 알 뿐이다. 길지 않은 인생, 그 짧은 시간마저도 극히 일부분의 세상만 경험하고 떠나야만 하는가? 난 다양한 방식으로 접촉하며 세상을 더 많이 알아가고 싶다. 내가 꿈꾸어왔던 일에 도전하면서. 능력이 달리긴 하지만 그 일에 도전하려 한다. 물론 고민도 많이 했다. 안정된 직장을 떠나기가 어디 쉬운 일인가? 하지만 고생하고 힘들더라도, 설령 아무 보상이 없더라도 진정으로 하고 싶은 일에 최선을 다했을 때는 결코 후회가 없으리라 생각하면서 결단을 내렸다.

해외 자원봉사를 위해 사직했다는 말을 듣고 모두 기가 막혀했다. 거기다 아프가니스탄으로 간다니까 모두들 뒤통수를 얻어맞은 표정으로 멍하니 쳐다보기만 했다. 죽으러 전쟁터에 가는 것도 아닌데 뭘. 겁이 없다, 너무 천진난만한 거 아니냐… 그들의 반응이 재미있었다. 정작 나는 그 나라에 가서 어떻게 살 것인가에 대한 걱정보다 일주일 동안 사무실과 아파트, 자동차, 세금 등 내 현존재를 증명해주는 것들을 다 정리하고 갈 수 있을지 걱정될 뿐이다. 10년 동안의 삶의 터전을 정리한다는 게 생각보다 쉽지 않다.

자, 이제 드디어 출발이다.

아프가니스탄! 좀 위험한 나라이긴 하지만 따지고 보면 세상에 위험하지 않은 데가 어디 있겠는가? 전쟁세대가 아닌 우리 젊은이들, 전쟁이 어떤 것인지 피난생활이 어떤 것인지도 모르는 축복받았지만 감사함을 모르고 머리만 굵어진 온라인 세대. 이제 나는 온라인 상태에서 벗어나 머리가 아닌 몸으로 부딪혀 볼 참이다.

왜 하필 거기야?

20년 넘게 전쟁과 빈곤으로 빈사상태가 된 나라. 아직도 굶어죽어 가는 사람들이 많지만 그 고통이 세상에 잘 알려지지 않아 제대로 된 지원도 받지 못하는 나라. 그 나라가 느닷없이 전 세계 언론에 메인 뉴스 주인공으로 급부상했다.

21세기 시작을 충격으로 몰아넣었던 9·11 테러. 2001년 9월 11일 미국에서 발생했던 항공기 납치 동시다발 테러로 뉴욕 세계무역센터 빌딩과 미국 국방부 펜타곤이 공격받아 약 3천 명의 사람들이 사망하고 6천여 명이 부상당했다. 미국은 테러와의 전쟁을 선포한 후 그 배후로 오사마 빈 라덴과 알카에다를 지목하고 그들이 숨어있다는 이유로 아프가니스탄을 공격하여 함락시켰다. 하지만 대부분의 아프간 사람들은 세계무역센터가 어떻게 생겼는지도 모른다. 미국과 아프간의 전쟁은 어른과 아이의 싸움처럼 상대가 안 되는데도 전 세계 주요 매스컴은 연일 이 전쟁을 보도했다. 파키스탄 국경에는 난민들이 대거 발생했고 아프간은 혼돈 속으로 빠져들어 가고 있을 때 였다.

봉사활동 신청서에는 희망 국가를 1지망부터 3지망까지 선택할 수 있었다. 카테고리 안의 몇 개 국가를 살펴보다가 큰 고민 없이 1지망을 아프가니스탄이라고 썼다. 2, 3지망은 아예 안 썼다. 그중에서 가장 열악한 국가라 아무도 안 갈 것 같았다. 어차피 어느 나라를 가든 고생할 것이다. 이왕 고생하는 김에 제대로 해보자는 생각이었다. 사람들은 겁을 상실했다고 꾸짖기도 하고 어떤 이들은 용감하고 멋있다고도 했다. 사실 나는 겁도 많으며 행동파는 더욱 아니다. 내성적이고 소심하며 걱정근심 달고 사는 전형적인 우울질 기질이다. 무대에서 발표하는 것, 소그룹 팀 리더, 심지어 단체여행 총무자리 같은 것도 두려워한다. 그런데 어째서?

농촌지역에서 사회복지직 공무원으로 10년 가까이 일했다. 기초생활수급자를 책정하고 지원하는 업무, 독거노인과 소년소녀가장 지원, 노인

대학, 경로당 지원 등 직접 주민대면 업무가 많았다. 독거노인 할머니 집에서 얻어먹었던 밥, 정신질환을 앓는 아주머니와 3명의 꼬맹이들과의 나들이, 소년소녀가장의 집에서 보낸 성탄절 등 보람되고 즐거웠던 일들이 많았다. 또 시골 사람들이라 정이 많아서 혼자 자취하느라 고생한다며 반찬도 만들어주시고 쌀과 사과는 떨어져 본 적이 없을 정도였다.

내가 대학에 다닐 때 해외여행이 자유화되었다. 지금은 사람들이 해외를 국내여행만큼 자주 가지만 예전에는 소수의 허가 받은 사람만 해외에 나갈 수 있었다. 여행자유화 이후 사람들이 쏟아져 나갔고 난 30대에 들어선 이후에야 여행을 시작했다. 여행 중에 해외에서 일하면 좋겠다는 막연한 생각을 했었다. 어떻게 나갈 수 있는지, 무슨 일을 하는지, 자격조건은 무엇인지 틈틈이 인터넷 검색을 통해 방법을 모색했다. 현재 내 업무와 연관된 일들을 찾아보았지만 쉽지는 않았다. 무엇보다 해외업무 필수인 영어가 자신 없었다.

난 머리가 그리 좋은 편이 아니다. 반에서 중간 이상을 해본 적이 없어 엄마가 대학에나 들어갈 수 있을지 걱정을 많이 하셨다. 오빠와 언니는 공부를 곧잘 하는데 나만 못해서 학교 졸업 후 빨리 시집이나 보내야겠다고 생각하셨다. 나도 동의하는 부분이었다. 뭐 하나 잘하는 것도 없고 특별히 하고 싶은 일도 없었다. 운 좋게 대학에 들어갔고 별 탈 없이 졸업하여 취준생으로 2년을 투자한 후 공무원이 되었다. 직장생활을 하면서 일에 재미라는 것을 느끼기 시작했다. 심지어 주변 분들이 칭찬도 하고 모범공무원 표창도 몇 번 받았다. 일로써 칭찬을 받으니 자신감이 생기기 시작했다. 그때부터 조금씩 꿈을 꾸었던 것 같다.

영어공부도 그때 시작했다. 영어는 끈기가 필요하다. 난 머리가 안 좋은 대신 인내심은 강하다. 뭐든지 천천히 꾸준히 오래 하는 편이다. 독학을 하다 학원에도 다니며 매스컴에서 극찬하는 모든 공부 방법을 동원했다. 하지만 영어는 쉽사리 늘지 않았다. 뉴질랜드 어학연수까지 다녀왔는데도 자신이 없었다. 처음부터 해외에서 일하는 것보다는 봉사활동으로 자신을 테스트하고 경험을 쌓는 것도 하나의 방법일 것이다. 그래서 지원했고 드디어 떠나는 것이다. 첫 스타트치곤 꽤 대담한 결정이라 솔직히 겁이 난다. 하지만 그곳도 사람 사는 곳이다. 두려운 만큼 호기심과 기대감도 크다. 한번 크게 질렀으니 다음에는 한결 가벼울 것이다.

카불로 가는 길-1

인천공항에서 지부장과 남자 봉사단원과 함께 출발해 홍콩을 거쳐 방콕에 도착했다. 파키스탄행 비행기를 타려고 대합실에서 기다리고 있는데 따가운 시선이 느껴졌다. 주위를 둘러보니 그 많던 동양인과 서양인들은 다 사라지고 차도르를 쓴 여인들과 무슬림 남자들뿐이다. 동양여자는 나 혼자, 반팔 티셔츠에 바지만 입은 여자도 나 혼자다. 남자들이 노골적으로 쳐다보았다. 슬그머니 가방에서 긴 옷을 꺼내 걸치니 옆에 있던 지부장이 조언했다. "파키스탄 도착하면 서로 모른 척하면서 공항 밖으로 빠져나가야 합니다. 동양 사람끼리 몰려다니면 사람들이 시비 걸어요. 간혹 짐 실어준다며 가방 뺏는 사람도 있는데 절대 주면 안 돼요. 나중에 팁 달라고 해요. 간혹 성추행도 하니 혼자 강하게 버티세요." 뭐 이런 지부장이 다 있을까(나보다 나이가 몇살 아래다)? 안 그래도 무서워 죽겠는데 도와줄 생각은 안 하고. 나중에 두고 보자!

　파키스탄 라호르에 도착했다. 각오를 단단히 했는데 공항보수공사 덕분에 잡상인을 금지시켜 싱거울 정도로 편하게 빠져나왔다. 국경지역인 페샤와르를 가기 위해 터미널로 갔다. 새벽 1시 20분 버스표가 매진되어 다음날 아침에 출발해야 한단다. 대합실에 짐을 쌓아두고 의자에 기대어 졸고 있는데 지부장이 버스표를 구했다며 깨운다. 6시간을 달려 파키스탄 국경지역인 페샤와르에 도착했다. 호텔에 여장을 풀고는 곧바로 아프간 대사관으로 비자신청 하러 갔다. 하지만 토·일요일은 휴무라며 월요일에 다시 오란다(보통 이슬람국가는 금요일에 쉰다). 오후에는 시장가서 이슬람 전통 옷도 한 벌 샀다. 수돗물도 끓을 정도로 덥다더니 긴팔과 긴 바지, 거기다 차도르로 휘휘 감으니 땀이 비 오듯 흐른다. 여름용 전통복은 없는 것일까? 옷감이 두꺼운 걸 보니 겨울용인 것 같다.

　월요일 아침 일찍 대사관에 갔다. 군인이 손짓하며 남자와 여자는 입구가 다르다며 쪽문으로 보낸다. 여자경비가 소지품과 몸을 기분 나쁠 정도로 수색했다. 민원창구 직원이 우릴 보더니 외국인은 화·목요일만 가능하다며 돌려보내려 했다. 지부장님이 아프간 영사와 담판을 벌이고는 비자신청서를 받아왔다. 우리나라 공무원도 요청서류가 참 많은데 이곳은 더하다. 이쪽 방에 가서 서류 받고 도장 찍는 곳은 저쪽 방, 수수료는 시내 은행, 다시 대사관 가서 몸수색 다시 받은 후 영수증 제출, 몇 시간 후 비자수령. 이걸로 끝나는 줄 알았는데 로드 퍼미션(육로로 이동시 반드시 있어야 하는 서류) 받으러 내무부 같은 곳을 방문, 담당자인 수염아저씨가 서류에 트집 잡기에 동양적인 미소 한번 지어주고 통과, 반대편 방에 가서는 느끼한 아저씨 만나 여권으로 이마 몇 대 맞아주고(사실은 여권으로 톡톡 친 정도다) 사인을 받아냈다. 친근감의 표시라나? 아무래도 아닌 것만 같다. 지부장이 보통 3일 이상 걸리는데 가장 빨리 처리한 케이스라고 한다. 잠을 설쳤더니 온몸이 지끈지끈 아프고 몸살기가 있다. 아프간 도착하기도 전에 생병 나게 생겼다. 내일 장시간 차를 타야 하는데 큰일이다.

카불로 가는 길-2

오늘 호텔에서 나오자마자 우리는 택시로 파키스탄 국경지역에 가서 출국신고와 함께 무장한 군인 한 명을 태우고 아프가니스탄 국경으로 출발했다. 외국인은 파키스탄 국경에서 출국할 때 무조건 안전을 위해 한 명 이상의 무장군인이 아프가니스탄 입국장까지 호위해야 한다. 무장군인의 동행 없이는 출국과 입국이 불가능하다.

수많은 난민들이 트럭에 실려 고향으로 돌아가고 있었다. 미국은 단시간에 아프간을 점령했고 전쟁은 허망하게 끝이 났다. 아프간 국경지역에서 세 번의 여권심사와 수화물 검사를 받았는데 사무실 같은 데가 아니라 죄다 길바닥에서였다. 마지막 심사받은 곳에서는 가방 지퍼를 확 열더니 물건들을 무식하게 쏙쏙 꺼냈다. 경찰과 난민들이 둘러서서는 신기하다는 듯 가방 속 물건들을 뚫어져라 쳐다보았다. 내 속옷이며 생리대가 드러났다. 처음엔 불쾌했는데 자꾸 검사당하다 보니 나중에는 보고 싶은 것 있으면 실컷 보고 제자리에만 놔두라는 심정이 되었다. 본다고 닳는 것도 아니고.

검사가 끝난 후 픽업할 차를 기다리며 근처 작은 가게에 들어갔다. 사실 가게라고 부르기도 뭣하다. 천막 안에 작은 평상이 전부다. 평상에 앉아있으니 설탕을 넣은 뜨거운 차를 내온다. 40도는 족히 넘는 날씨에 뜨거운 차가 들어가자 땀이 비 오듯 쏟아졌다. 날씨는 덥고 몸살로 열은 계속 오르고, 거기다 난민들은 어른 아이 할 것 없이 교대로 거의 1미터 바로 앞에서 둘러싸고 쳐다보았다. 우리를 픽업할 우리 단체의 운전사를 1시간 기다렸지만 허탕치고 택시 호객꾼들 중 가장 선량하게 생긴 자를 골라 수도 카불로 향했다. 택시에 냉방시설이 없어 열어젖힌 창문으로 들어온 사막의 먼지를 고스란히 맞다 보니 온 얼굴에 더께가 앉았고, 바위산 같은 비포장 길은 온몸에 멍이 들도록 덜컹거렸다. 도중에 열린 창문 안으로 누가 돌을 던졌다. 내 차도르가 벗겨져서 검은 머리카락이 보였나 보다. 비록 빗나가서 다행이긴 했지만 탈레반 통치 때 많은 여성들이 돌에 맞아 죽었다더니 나도 벌써 각오를 해야 하나 싶었다.

차의 열기를 식히려고 물을 뿌리느라 두어 차례 잠깐 가게 앞에 선 것 외에는 쉬지 않고 달렸다. 6시간이면 도착하는 길을 산사태로 인해 10시간이나 걸렸다. 두통약과 콜라로 용케도 잘 버텼지만 도착할 때는 산송장이 되어있었다.

도착 신고식

누구나 카불에 도착하면 신고식을 치른다. 도착하자마자 설사와 고열에 시달리는 것을 말한다. 1,828미터 고지에 자리 잡은 도시라 처음 오면 누구나 고산병에 걸린다며 다들 위로한다. 숙소계단을 오르내리는 데도 헐떡거려야 할 정도로 숨이 차고 금방 피곤해진다. 오후 4시면 벌써 몸이 나른하고 축 늘어진다. 게다가 파키스탄에서 걸린 몸살로 내리 사흘을 침대에 누워 끙끙 앓았다. 룸메이트가 계속 이마에 찬 수건을 갈아주고 죽을 쑤어주어 그나마 회복이 빨랐다. 하지만 어제부터 물갈이로 인한 설사가 멎질 않는다. 수돗물은 석회가 많아 한번 끓였다 정수기에 걸러 마시는데도 적응하는 데 한 달 이상 걸린다. 거기다 휴지의 질감은 끝내준다. 공포의 분홍색 휴지는 화장지인지 수세미인지 한번 사용할 때마다 엄청난 고통이 따라 치질에 걸릴 지경이다. 남의 나라 도와주려고 왔는데 내 몸 하나 간수 못 하고 일주일이 다 되도록 병치레만 한다. 도와주기는커녕 도움만 받다 갈 것 같아 서럽기도 해서 혼자 훌쩍거렸다. 도대체 내가 여기서 뭘 할 수 있단 말인가?

적응기

출국할 때 마음속으로 다짐했다. 불편하고 힘든 생활을 해보며 그동안의 매너리즘을 깨부수자고. 하지만 한국에서의 편한 생활에 길들여져 현지 생활에 적응하기가 생각보다 쉽지 않았다. 특히 수돗물이나 전기, 보일러 등 일상생활에서 당연하게 누려왔던 것들이 이곳에선 특별한 경우에 속하니 불편하기 짝이 없다.

우선 전기가 저녁에만 들어온다. 낮에는 전기제품이 무용지물이다. 컴퓨터를 사용하려면 발전기를 돌려야 하고 인터넷을 사용하려면 시내 인터넷 카페에 가야 한다. 안전을 위해 걸어서 이동하는 것이 금지되어 있어 날 잡아서 차를 타고 인터넷하러 가야 한다. 인터넷 카페라도 안전하지 않아 1시간 내로 후다닥 하고 일어나야 한다.

더운 물로 샤워하려면 발전기 틀고 보일러 켜서 2시간은 기다려야 한다. 그래서 대부분은 그냥 추워도 찬물로 후다닥 해치운다. 씻고 난 후에도 뭔가 찝찝하다. 석회질 물이어서 세제나 빨래비누를 만지다 만 느낌이 난다. 피부와 머리카락이 쉽게 상하고 많이 빠진다. 그래서 가능하면 감지 않고 버틸 때까지 버틴다. 내가 결벽증이 없어서 천만다행이다.

카불은 사막이니 당연 먼지가 많다. 창문을 닫아도 책상과 가구에 누런 먼지가 금방 수북이 쌓인다. 환기를 할 수 없으니 답답하고, 감기에 한번 걸리면 잘 낫지 않는다. 숙소 창문마다 두꺼운 커튼을 쳐놓아 바깥을 내다볼 수도 없다. 외국인이 거주하는 것이 이웃에게 알려지지 않게 하기 위해서다. 복장도 외출할 때는 긴팔과 긴 치마에 속에는 또 긴 속바지를 입고 머리는 차도르(이슬람교도 여성들이 외출할 때 얼굴을 가리기 위하여 머리에서 어깨로 뒤집어쓰는 네모진 천)로 머리카락이 보이지 않게 잘 감아야 한다.

외출도 자유롭지 못하다. 테러가 자주 일어나기 때문에 혼자 다니는 것은 불가능하고 남자 직원과 같이 차로 이동해야 한다. 시장같이 번잡한 곳에서는 남자들이 지나가면서 엉덩이를 슬쩍 만지는 등 성추행도 가끔 일어난다. 이슬람 율법이 엄해서 없을 줄 알았는데 자국 여성을 함부로 못 건드리니까 상대적으로 외국 여성이 자유로울 것이라 생각하는 것 같다. 한번 당하고 나니 속상해서 묘책 세우기가 바쁘다. 시장 갈 때 막대기를 들고 휘휘 저으면서 걷거나 고춧가루 탄 분무기를 들고 다니거나 그것도 안 되면 주머니에 짱돌을 넣고 다닐까? 그러다 숙소에서 아주 좋은 것을 발견했다. 누군가 두고 간 쌍절곤! 목에 걸기도 하고 한 번씩 휙 돌리니 그 다음부턴 아무도 안 건드렸다. 덕분에 남자 직원들은 내 옆에 있기 창피하다며 멀찍이 떨어져서 걷곤 했다. 하긴 사람들이 평소 때보다 열배는 더 쳐다보긴 했다. 다들 중국 무술영화를 많이 본다고 하니 알아서 기겠지.

'짜슥, 내 몸은 내가 지킨다!'

이를 계기로 쌍절곤은 10여년간 나의 해외동반자가 되어 쌍절곤쇼, 쌍절곤댄스는 직원장기자랑 때 나의 필살기가 되었다.

함께 일하는 사람들

한국 단체 중 가장 먼저 아프가니스탄에 자리 잡은 우리 단체는 지부장과 봉사단원 3명, 7명의 현지 스텝들과 일하고 있다.

한국 스텝들은 공동생활을 한다. 지부장은 이곳에 온 지 1년 정도 되었는데 현지인처럼 수염을 기르고 전통의상을 입고 다녀 아프간 남자처럼 보인다. 밤 12시까지 우리를 부려먹어 별명이 한국형 탈레반이다. 요리를 좋아해서 아침마다 우리를 위해 건강식을 준비하신다. 그중 주 메뉴는 우유에 탄 미숫가루와 석류 한 사발(석류 알맹이를 그릇에 수북이 담아 숟가락으로 퍼먹는다)이다. 미숫가루는 페인트같이 뻑뻑해서 넘길 때마다 숨이 턱턱 막히고 석류는 씨까지 씹어 먹어야 한다. 안 그러면 삐치신다. 그는 감자로 할 수 있는 요리가 40가지도 넘는다. 감자부침, 감자죽, 감자볶음, 감자조림, 심지어 삶아서 고추장, 겨자, 마요네즈에 비벼 먹기도 한다. 아플 때는 듣도 보도 못한 과일 죽을 만들어 강제로 먹이신다. 한번 먹어본 사람들은 과일 죽 쑨다는 소리에 앓다가도 벌떡 일어난다. 그는 아마 영양가 많은 과일 죽을 먹고 회복된 줄 알고 있을 것이다. 그는 요리뿐만 아니라 바느질도 잘하고 꽃을 보면 눈물을 글썽일 정도로 감동한다.

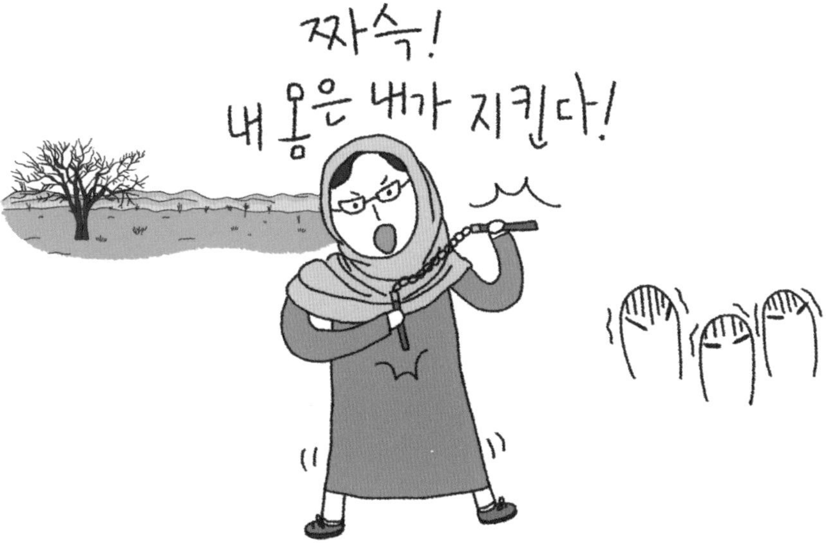
짜슥!
내 몸은 내가 지킨다!

며칠 전 일이다. 저녁식사 도중 쥐가 튀어나왔다. 우리들은 제각기 빗자루, 페트병, 쓰레받기 등 손에 잡히는 대로 집어 들고 때려잡을 태세를 취하고 있는데 지부장이 안 보였다. 그는 이미 식탁 위에 올라가 떨고 있었다. 그 후 우리는 그를 '자매님'이라고 불렀다.

우리 봉사단원의 경력은 대부분 휴학 중인 대학생들로 구성된 타 국가에 비해 특이하다. 미국에서 매니저급으로 일하다 온 여성프로젝트 담당, 대학원 휴학생, 그리고 제일 영어도 못하는 공무원 출신의 나. 우리 팀은 앞으로 1년을 동고동락하면서 프로젝트를 진행할 예정이다. 초등학교 신축공사와 급식지원, 교육사업, 빈민가 배수로 공사, 클리닉사업. 내가 예상했던 구호품 배분 같은 긴급구호사업은 종전과 함께 거의 끝났고 이제부터 도시빈민지역에서 개발사업을 진행한다.

현지 직원들은 수염을 길러서 얼른 보면 마흔이 넘어 보이는데 이삼십 대가 대부분이다. 하긴 평균수명이 45세이니 한국 사람들이 생활의 기반을 잡을 나이에 이들은 땅에 묻힌다는 의미다.

이들은 우락부락한 생김새와는 다르게 성실하고 착하다. 더구나 난민생활을 해본 사람들인데도 밝고 긍정적이다. 특히 경비 아저씨한테는 정이 많이 간다. 우리는 그를 까까(삼촌)이라고 부른다. 그분은 무슨 일이든 시시콜콜하게 설명한다. 예를 들면, 시장에 갔다 오겠다고 하면 될 것을 내가 이것저것 사야 해서 시장에 갔다 올 테니 누가 오면 문을 대신 열어 달라 등 장황하게 덧붙여 아프간 문맹자인 우리는 눈만 꿈적꿈적할 때가 많다. 그래서 그분과 대화할 때 엄청난 집중력과 상상력, 보디랭귀지를 통한 표현력을 동원해야 한다.

며칠 전 밤이었다. 집에서 기르는 고양이의(집에 쥐가 많아 기르고 있다) 화장실용 모래가 떨어졌다. 치안이 좋지 않아 간단한 심부름은 경비에게 종종 부탁한다. 나는 사전을 찾아 '고양이 화장실용 모래 부탁해요'를 열심히 연습했다. 알아듣기 쉽게 고양이가 사용했던 모래를 비닐에 넣어 건네주면서 새 모래가 필요하고 이 비닐에 든 것은 사용한 것이니까 바깥 쓰레기장에 버려달라고 했다. 아저씨는 흔쾌하게 알겠다고 하셨다. 그런데 한 시간이 지나도 모래는 감감무소식이다. 5분이면 될 텐데. 기다리다 지쳐 잠이 들었다. 다음날 아침이 되어도 소식이 없어 고양이 화장실은 냄새가 진동했다. 때마침 교대한 다른 경비 아저씨한테 다시 부탁했다. 이 아저씨는 외국인과 오래 일해서 한두 마디만 해도 잘 알아들으신다. 모래 구해달라는 말이 끝나자마자 놀란 듯 쳐다보신다. 직원을 불러 통역시켰더니 서로 한참 얘기한다. 그러더니 그 직원이 내게 이상한 듯 묻는다.

"고양이 어디 있어요?"

"이층에 있는데요."

"이층에요? 그 고양이 괜찮아요?"

오늘 아침에 그 아저씨가 비닐봉지를 다른 경비에게 전달하면서 이렇게 말했다고 한다.

"어제 저녁에 미스 손이 이 비닐봉지를 주었는데, 이 속에 죽은 고양이가 들어있다고 해. 바깥에 갔다버리라고 하는데 내 생각에는 마당에 묻어줘야 할 것 같아. 아침에 묻어주려고 보니 비닐 속에 고양이가 안 보여. 네가 다시 물어보고 시체 찾다가 마당에 묻어줘!"

알 수 없는 매력을 지닌 나라

아프간 탄생신화는 아무리 들어도 독특하다. 알라가 우주를 창조하고 나니 쓰레기가 많이 생겼고, 알라는 이것을 지구를 향해 던졌는데 이것이 바로 아프가니스탄이 되었다고 한다. 탄생신화라면 보통 아름답고 긍정적으로 미화하는데 말이다.

서남아시아의 내륙국으로 북쪽으로 우즈베키스탄, 투르크메니스탄, 타지키스탄, 북동쪽으로 중국, 동쪽과 남쪽으로 파키스탄, 서쪽으로 이란 등 6개국과 국경을 접하고 있는 아프간은 한반도 3배 크기의 나라다.

인구의 99퍼센트가 이슬람으로 파쉬툰, 타직, 하자라 등 수십 개의 종족으로 구성되어 있고 공용어는 파쉬투어와 다리어다. 파쉬툰 인구가 더 많지만 다리어가 공식석상에 더 많이 쓰이는데, 다리어는 이란의 페르시아어와 거의 같으며 이란의 페르시아어와 구분하기 위해 다리어라고 부르기 시작했다고 한다.

아프간은 힌두쿠시 산맥에 접해있어 고산지역이 대부분이고 우라늄, 철, 망간 등 광물자원이 풍부하다. 중세에는 비단길의 통로라 동서교역으로 번영을 누리기도 했으며 수도 카불은 예로부터 문명의 십자로로 불려 상업이 발달했다. 하지만 영국, 소련의 점령과 그 후 장기적인 내전과 이슬람 극단주의자들인 탈레반의 통치를 거치면서 점점 황폐화되었다. 탈레반 시절에는 여성이 직업을 가지거나 학교조차 다닐 수 없었고 남성과 동행하지 않고는 병원이나 시장도 갈 수 없었다. 남성들 또한 수염을 깎는 것이나 축구경기도 금지되어 있었다.

아프간은 세계 최대의 아편 생산국이자 수출국이다. 카불을 벗어나면 양귀비 밭이 길가에 넓게 펼쳐져 있다. 국제기구들이 양귀비 대신 밀이나 다른 농산물을 재배하도록 권유하지만 아편의 원료가 되는 양귀비꽃이 아프간의 건조한 기후와 맞아떨어지고 다른 농산물에 비해 재배가 쉽기 때문에 금지하기가 매우 어렵다. 또한 아편 수입은 대부분 지방군벌과 권력층의 주머니로 들어가 국민은 여전히 굶주림과 질병에 시달리고 있다. 외부의 원조가 많아도 스스로 일어서기까지 앞으로 상당한 시간이 필요하다. 하지만 절망할 필요는 없다. 1950년대의 한국은 그 당시 최빈국이었다. 지금처럼 유엔과 국제기구, NGO와 선교사들의 물자원조와 산업설비투자, 병원과 교육사업 등은 한국이 일어설 수 있는 디딤돌 역할을 했다. 물론 한국과 다른 부분도 많다. 종족간의 분쟁, 열악한 자연환경, 이슬람 원리주의, 부정부패 등 넘어야 할 산이 많다. 그럼에도 불구하고 이 땅에 희망을 만들며 살아가는 사람들이 얼마나 많은지 모른다. 어쩜 그렇게 훌륭하고 멋진 분들이 많은지. 본국에서의 안정적인 삶을 내려놓고 현지인을 돌보며 사는 의료인들, 본국에서의 안락한 삶을 누리다 뼈를 묻을 각오로 와서 교육발전에 힘쓰는 전직 교사, 세계여행길에 아예 눌러앉아 봉사 활동하는 휴학생 등 안정된 삶을 뒤로하고 이곳에서 땀과 수고, 자신의 건강뿐 아니라 목숨도 아끼지 않고 활동하는 이들이 수없이 많다. 뿐만아니라 지식층의 증가와 함께, 대학생을 포함하여 의식 있는 청년들의 성장은 분명 희망이 확대되고 있음을 보여준다.

　아프간 속담 중에 '아무리 높은 산의 맨 꼭대기에도 길은 있다'는 말은 어떤 어려움도 극복하지 못할 것이 없다는 뜻이다. 오늘도 우리는 다 함께 산 정상 어딘가에 있을 길을 찾아간다.

아프간의 먹거리들

아침마다 우리는 '난'이라고 불리는 빵을 먹는다. 밀가루를 반죽해서 우리나라 옛날 아궁이 같은 곳에 넣어 구운 것인데 담백한 맛이라 하루라도 안 먹으면 찾게 되는 음식이다. 주식은 쌀밥으로, 솥에 토마토, 기름(기름을 엄청 넣어 자주 먹으면 살이 찐다), 양파 등을 넣고 끓이다 쌀을 넣고 끓여 뜸을 들여 먹는다. 쌀이 푸석푸석하고 윤기가 없어 손으로 먹을 때는 요령이 없으면 다 흘러내린다. 우리나라 쌀처럼 찰기가 있는 쌀도 있는데(몽골족의 후예인 하자라 족이 주로 먹는다) 아플 때나 먹는다고 한다. 팔라우는 쌀밥에 건포도, 양고기를 넣어 기름에 볶아 만든 음식으로 특별한 날에 먹는다. 양고기나 소고기를 꼬치에 꽂아 구워먹는 케밥도 인기다. 내가 제일 좋아하는 것은 '불라니'다. 밀가루 반죽 속에 감자 으깬 것이나 부추를 넣고 튀긴 음식으로 우리나라 만두 같은 맛이다. 한국에서도 흔한 감자튀김도 자주 먹는다. 한번은 조그만 식당에 가서 '암바르가르'라는 것을 먹었다. 난 위에 감자튀김, 고기, 야채를 올려 돌돌 만 것으로 일종의 아프간 식 햄버거다. 아프간의 음식은 대체로 기름지다. 춥고 건조한 지역에서는 기름기 있는 고칼로리 음식이어야 그나마 건강을 유지할 수 있기 때문이다.

이곳은 과일 가격이 싸다. 건조한 기후에 햇볕이 강해 포도와 수박은 엄청 달고, 카르보자라고 불리는 멜론은 우리나라 큰 호박같이 생겼는데 달고 맛있다. 다이어트 한답시고 멜론만 먹다가 설사병이 난 사람도 있다. 거리를 지나다 보면 우리나라 생과일주스같이 만들어서 파는데 정말 맛있다. 단 배앓이를 각오해야 한다.

우리나라 채소와는 생김새가 다르고 싱싱하지 않지만 채소가게엔 감자, 양배추, 당근, 무 등 웬만한 것은 다 있다. 단, 배추가 없어서 한인들은 양배추로 김치를 담아 먹는데, 그런대로 먹을 만하다.

먹는 얘기를 하다 보니 갑자기 삼겹살이 먹고 싶다. 이곳은 이슬람 문화권이라 돼지를 키우지도 않는다. 돼지는 딱 한 군데 있다고 한다. 카불 동물원!

친근한 마수드라는 이름

거리에 붙어있는 사진을 보고 처음엔 대통령 사진인 줄 알았다. 날카롭지만 깊은 눈매, 독특한 전통 모자를 쓰고 있었는데 마치 체 게바라의 상징인 베레모를 떠올리게 한다. 마수드라고 불리는 그는 아프간의 전설적인 영웅이다. 정치군사 지도자, 민족주의자로 소련이 아프간을 침공하자 고향인 판지세르 계곡에서 무자헤딘(군벌세력)들과 함께 무장투쟁을 이끌었다. 소련으로부터 독립 후 국방장관을 잠시 역임하였지만 탈레반이 정권을 잡자 다시 거친 사막과 산악을 떠돌며 뛰어난 사령관으로 탈레반에 대한 항쟁을 벌여나갔다.

9.11 테러가 일어나기 이틀 전 아랍 출신인 2명의 기자가 그를 인터뷰했다. 그들은 기자를 가장해 접근한 자살특공대로, 인터뷰 도중 카메라와 배터리 안에 설치한 폭발물을 터트려 마수드를 암살했다. 강한 신념으로 외세의 강압에 맞서 싸우며 민중의 안녕과 조국의 발전을 도모한 리더였으며 약자를 보호하고 여성의 권리에도 상당한 관심을 보였다고 한다. 사후 그에게는 국민영웅의 칭호가 수여되었고, 매년 9월 9일 아프간 사람들은 그를 추모하고 있다. 마수드에 관해서는 평가가 갈리는 편이다. 다른 종족 중에는 그를 비판하는 이들도 있다. 하지만 다른 사령관들과는 달리 아프간을 떠나지 않고 끝까지 무장 투쟁한 그의 신념과 철학을 존경하지 않을 수 없다.

'우리는 자유를 위해 싸우는 것이다. 우리에게 최악의 상황은 노예로 사는 것이다. 먹을 것, 마실 것, 입을 것, 잠잘 집을 가질 수는 있다. 그러나 우리에게 긍지가 없다면, 우리가 독립을 하지 못한다면 그런 것들은 음미할 아무런 가치도 없다.' 그가 남긴 어록들은 이 땅에 사는 우리에게도 깊은 여운을 준다.

우리 사무실에도 같은 이름을 가진 직원이 있다(무슬림들은 같은 이름이 너무 많다. 무하마드, 이스마엘을 시장에서 부르면 수십 명이 동시에 쳐다본다). 처음 그를 봤을 때 덩치도 크고 우락부락한 생김새에 잘 웃지도 않으며 말할 때도 싸우는 투였다. 전설적인 영웅과 이름이 같아서인지 사령관이나 장군 느낌이 나서 첫 인상부터 상당히 부담스러웠다. 그래서 인사 정도만 하고 별 대화를 나누지 않았다(그는 영어가 서툴렀고 나는 다리어가 짧았던 이유도 있다). 나의 다리어 실력이 조금씩 늘면서 그와의 대화도 늘어갔다. 알고 보니 파키스탄에서 난민생활 할 때 만난 여성과 결혼에 골인까지 한 그는 아프간에서 드문 연애결혼을 했다. 결혼 후에는 큰 덩치에 비해 부인에게 꼼짝도 못한다고 했다. 그는 인정이 많고 유머 감각도 뛰어나 나를 하루에도 몇 번씩 웃게 만드는 사람이었다. 가수 윤도현의 노래를 들려주니 괴물 울부짖는 소리를 내면서 헤드뱅잉하듯 고개를 마구 흔들었다. 코리안 노래 해보라고 시키면 항상 이렇게 해서 주위를 웃음바다로 만들었다.

그와 함께 다니면 언제나 든든했다. 차를 타고 가다 가벼운 접촉사고가 났을 경우 큰 소리로 상대방의 기를 완전히 꺾어놓는가 하면 시장에서 물건을 살 때도 우리가 외국인이라고 값을 비싸게 부르면 자기 친구라도 멱살을 쥐어 우리를 당황하게 만들었다. 우리의 보디가드 겸 문제 해결사 역할을 했다. 그는 혹시 내전이나 치안이 더 나빠질 경우 자기 집에 우리 한국 스텝들을 데리고 가서 지켜주겠다고 말해서 우리를 감동시켰다. 무슬림들은 한번 친밀한 사이가 되면 목숨 걸고 지켜준다는 말이 생각났다.

하루는 마수드 부인이 사무실로 전화를 했다. 다른 직원들은 출장 나가고 사무실에 나 혼자 있었다. 부인은 영어를 못하고 나의 아프간 다리어는 생존언어 수준일 때였다. 보통 사무실로 전화가 오면 살람알레이쿰 정도의 인사를 한 후 곧바로 영어로 말하면 상대방이 영어를 못할 경우 알아서 끊는다. 부인이 마수드를 찾는데 그동안 배운 언어를 써먹는다고 아주 자신감 있게 말했다. "마수드 인좌 나다람."

말이 채 끝나기도 전에 웃음소리가 전화기를 통해 들렸다. 그러면서 한참 뭐라 뭐라 말을 했다. 제대로 못 알아들은 줄 알고 다시 또박또박 큰 소리로 말했다.

"마-수-드~ 인-좌~ 나-다-라암~"

아까보다 더 큰소리로 자지러질 듯 웃는 소리가 들렸다. 내가 서툰 말로 하니까 신기해서 웃는가 보다 생각하고 전화를 끊었다.

다음날 마수드가 다른 직원들한테 내가 자기 부인한테 했던 말을 일러 바쳤고 직원들은 모두 배를 잡고 웃었다.

내가 했던 말을 해석하면,

"나 마수드 안 가지고 있다니까."

'be' 동사를 사용해야 하는데 'have' 동사를 사용한 것이었다. 그날부터 직원들이 내 말을 흉내 내기 시작했다.

"아쉬라프 어디 갔어요?"

"나 아쉬라프 안 가지고 있어요."

약혼식에 초대받다

직원 약혼식에 초대받아 갔다. 사촌끼리 약혼을 한다는 게 신기했다. 아프간은 삼촌과 질녀, 사촌 등 가까운 친척과 결혼하는 경우가 꽤 있다. 나이 많은 삼촌이 어린 질녀와 결혼하는 모습이 그다지 보기 좋지 않았다. 이곳은 아직도 형사취수제도(형이 죽으면 아우가 형수를 아내로 맞이하는)가 남아있다. 아는 한 남성은 사랑하는 여인이 있는데도 형수와 결혼하게 되어 우울해했다. 결국 그는 아내를 둘 데리고 잘 살고 있다.

아프간의 약혼식은 어떤지 자못 궁금했다. 부르카를 쓴 모습들만 봐서 하객으로 오는 여인들의 실제 모습이 기대되었다. 큰 식당 같은 곳에 들어서니 같이 온 남자일행과 나를 떼어놓는다. 여자는 다른 방으로 가야 한단다(이슬람 문화권에서는 이게 참 불편하다). 옆방으로 들어서니 백여 명의 여성들이 일제히 나를 쳐다보았다. 유일한 외국인인데다 아는 사람도 없어 순간 당황스러웠지만 "살람알레이쿰"이라고 큰 소리로 인사하니 "말리쿰살람" 하며 정답게 인사를 받는다. 자리에 앉으니 바로 옆에 있던 여고생이 "Hello"라며 서툰 발음으로 인사를 한다. 꿀 먹은 벙어리 신세일 줄 알았는데 천만다행이다. 며칠 전에 배운 아프간 다리어로 손짓발짓하며 대화를 나누었다. 자기 가족들을 일일이 소개하고 사진도 같이 찍으면서 내가 심심해할까 봐 자상하게 챙긴다. 할머니, 아줌마들은 정 많은 우리 시골 아낙네처럼 음식을 가져다주는 등 마음 써 준다.

마침 신랑신부가 입장하는데 앞에서 반짝이를 뿌리고 춤을 추면서 들어선다. 신랑신부는 전통의상이 아니라 하얀 웨딩드레스를 입고 왕관도 썼다. 들러리들도 모두 칵테일 드레스를 입었다. 그러고 보니 하객들도 진한 화장에 화려한 옷, 인도영화에서 본 듯한 액세서리를 했다. 피로연 음식은 상다리가 부러지게 나왔다. 어쩜 이렇게 다양한 음식들이 있을까? 아프간 음식을 제대로 먹어볼 기회였다. 그런데 사람들이 음식을 많이 남긴다. '이 가난한 나라에서 저렇게 음식을 많이 남기다니, 이 시간에도 굶어죽어 가는 사람들이 많은데. 어휴, 저걸 집에 좀 싸가지고 가면 좋을 텐데.' 혼자 온갖 생각을 다했다. 나중에 알고 보니 식당 밖에서 굶주린 사람들이 남은 음식을 기다리며 진을 치고 있었다.

식사 후 곧바로 댄스타임이 이어졌다. 다리는 움직이지 않고 손을 휘휘 저어가며 추는 게 특이하다. 나보고 자꾸만 나와서 같이 추자고 해서 거절하느라 진땀을 뺐다. 나의 주특기인 때밀이 춤을 보여주면 모두가 기절할 것 같아서.

모두들 즐거워하는 모습을 보니 여기가 진짜 전쟁직후의 가난한 아프간인지 잠시 헷갈린다. 무장한 탈레반, 수많은 난민들, 지뢰밭, 부르카 같은 장면만 보고 듣다가 오늘 같은 한없이 평화롭고 화려하고 마음껏 웃고 춤추는 모습은 도착해서 지금까지 긴장과 두려움 속에 살던 내게 편안함과 따뜻함을 전해주었다. 이들이 마음껏 웃을 수 있도록 아프간에 자유와 평화가 조속히 오기를.

낯선 곳에서 낯선 사람들과 더불어 살기

아프간에서 우리는 공동체 생활을 한다. 다양한 사람들이 함께 산다는 것은 귀한 체험이다. 치안이 좋지 않은 나라에서는 혼자 사는 것보다는 오히려 든든하다. 여럿이 함께 살아도 어떨 때는 오싹해질 때가 많다. 하지만 시간이 지나면서 익숙하지 않은 누군가와 함께 산다는 것은 생각만큼 쉽지 않음을 깨닫게 되었다. 환경적인 어려움보다는 함께 사는 이들과의 습관이나 생각의 차이로 문제가 발생한다. 눈에 보이는 대로 치우는 나와는 달리 대부분의 사람들은 쌓아두었다가 한꺼번에 처리하는 스타일이다. 처음엔 묵묵히 치우면서 작은 일도 섬기지 못하면서 무슨 큰 일을 하겠냐고 스스로 꾸짖었다. 또한 말없이 치우면 그들도 언젠간 알게 되겠지 라는 얄팍한 기대도 있었다. 하지만 변한 건 없었다. 상대가 변하지 않는다면 나라도 변해야 하는데 그게 잘 안 되고 그냥 내가 옳다고만 생각했다. 그때그때 정리해야 나중에 힘들지 않게 된다고. 하지만 이건 옳고 그름의 문제가 아니라 습관의 차이였을 뿐이었다. 나도 그들도 살아온 방식이 다르고 습관이 다를 뿐 옳고 그름의 문제가 아니었던 것이다. 요즘도 여전히 테이블은 어질러져 있다. 기분 좋게 치우기도 하고 그냥 어질러진 채 두고 보기도 한다. 나 또한 가끔 쌓아두었다가 치우는 연습도 필요하다.

따지고 보면 여럿이 함께 살아보니 그동안 스스로도 모르고 있던 내 성격이나 습관이 선명하게 드러났다. 자신의 성격을 가장 잘 알 수 있는 때가 바로 공동체 생활 속에서인 것 같다. 혼자서 10여 년을 살았으니 그동안 내가 하고 싶은 대로만 하고 살았다고 볼 수 있다. 그러니 뭐가 잘못되었는지 모르는 것은 당연하다. 자가용이 있고 아파트에서 혼자 사는 사람은 편리함에 길들여져서 조금만 불편해도 힘들어한다. 혼자 사니까 서로 부딪히고 깨어짐이 없으니 자아 성장이 어렵다. 서로 다른 사람들이 각자의 다양성 속에 조화를 이루려 애쓰는 모습을 통해서 우리는 다듬어지고 성숙할 기회를 갖는다.

여기서 함께 생활하다 보니 하루 세끼 해먹는 게 큰 문제였다. 치안이 좋지 않아 자유롭게 밖에 나가 먹을 수도 없고 비싼 타이식당과 중국식당도 자주 갈 형편이 못되었다. 당번을 정해 돌아가면서 식사를 준비하지만 출장 가서 늦게 오거나 미팅, 손님방문 등 변수가 많아 순번을 지키기 어려웠다.

난 요리하는 것을 그다지 좋아하지 않는다. 자취생활 3년째까지는 혼자 사는 재미에 빠져 요리책도 사서 맛있어 보이는 음식은 꼭 만들어먹어야 직성이 풀리기도 했다. 하지만 언제부터인지 요리하는 게 시간낭비라는 생각이 들었다. 요리하는 데 드는 시간, 먹고 치우는 데 걸리는 시간 등 거의 1시간 반이나 소비하고 있었다. 그 시간이면 영어단어 몇 개 더 외울 수 있고(꼭 공부 못하는 애들이 이런다) 책 몇 페이지는 읽을 수 있다. 그 후 밖에서 먹고 들어오는 시간이 많아졌고 패스트푸드나 라면으로 저녁을 때우기도 했었다.

아프간에 오기 전에 어떤 고생도 달게 받겠다는 각오를 했었다. 어느 순간 우리중 비교적 업무가 적은 내가 자의 반 타의 반으로 하루 두 끼 식사 준비를 맡게 되었다. 처음엔 마지못해 하던 요리가 시간이 지나면서 조금 씩 흥미가 생기기 시작했다. 잊혔던 요리들이 하나씩 생각나기도 했고 별로 맛이 없어도 다들 맛있게 먹어주는 모습에 흐뭇하기까지 했다. 자꾸 만들다 보니 어느 정도 감도 생기고 연구도 하면서 깍두기, 파김치, 무생채 등에도 도전했다. 제한된 아프간 재료로 한국음식을 만들다 보니 퓨전 같은 요리도 생기게 되었다. 파스타면으로 만든 비빔국수, 파스타 펜네로 만든 떡볶이, 중국 면으로 만든 잡채, 양배추 김치 등. 요리뿐만 아니라 자기가 관심을 가지고 좋아하면서 계속하다 보면 어느 순간 잘하게 되는 것 같다. 떠나기 전에 요리책 하나 만들어볼까? 다음에 올 봉사단원들이 편할 것이다(요리책 '이렇게 만들어야 하느니라'를 잘 봤다는 얘기를 몇 년 후에 들었다).

사랑하는 어머니께

오늘도 저는 이슬람 성전인 모스크에서 울려 퍼지는 아잔 소리를 들으면서 하루를 시작하고 있습니다. 이제 한국을 떠나온 지 2개월이 다 되어갑니다. 그래서인지 이제는 적응이라는 단계를 넘어 앞으로는 매일의 일상과 싸워야 할 때가 온 것 같습니다.

어머니, 요즘 건강은 어떠신지요. 편찮으신 어머니를 홀로 두고 떠나와 항상 걱정이 되고 죄송할 뿐입니다. 더구나 아파트에서 혼자 생활하시니까 혹 많이 편찮으실 경우 주변에서 누가 급히 달려와 줄 것인가 걱정도 됩니다. 항상 막내인 저를 철부지 어린애로만 생각하셨는데 그 철부지 딸이 자녀들 중 가장 큰 사고를 쳐버렸습니다. 어느 날 갑자기 사표 내던지고 1주일 만에 모든 생활을 정리해버리고는 신변보장도 할 수 없는 나라로 훌쩍 떠나버렸지요. 사실 그 당시에 무척 걱정을 했습니다. 사표 내고 아프간으로 떠난다는 말을 차마 하지 못해 며칠 동안 혼자 끙끙 앓았습니다. 듣고 쓰러지기라도 하시면 어떡하나 하는 생각에. 주변에서는 어머니의 건강도 좋지 않으니 가지 말라고 말리기도 했습니다. 그래서 미국 간다고 말씀드릴까도 생각해봤지만 솔직한 게 중요하다는 생각에 조심스럽게 말을 꺼냈습니다. 만일 어머니께서 반대하시거나 이로 인해 건강이 악화되시면 포기해야겠다고 생각하면서.

그랬는데 어머니께서 이렇게 말씀하셨죠. 신이 시키시는 일이라면 내가 어떻게 말리겠냐고. 의외로 너무나 선선히 그러라고 하시는 어머니 말씀에 힘과 용기를 내어 떠났습니다.

어머니, 저는 여기서 너무나 잘 지내고 있습니다.

어머니 곁에서 편하게 살던 때와는 물론 다르지만 고생과 고난이 저에게 아주 유익하다는 걸 날마다 깨닫고 있습니다.

육체적 안일함에 길들여지면서 마음과 영혼에 기름기가 끼여 갔던 이전의 삶과, 몸은 조금 고단하지만 마음과 영혼은 편안하고 순수해지는 이곳에서의 삶. 그래서인지 요즘 이 말씀이 많이 생각납니다. '나를 단련하

신 후에 내가 정금같이 나오리라.'

사람들이 말합니다. 3개월이 고비라고. 3개월만 지나면 이 나라 사람들이 미워지고 꼴도 보기 싫어진다고. 저는 아직까지는 이들에게 애정을 느낍니다. 가끔씩 정부사람들이 거들먹거리는 걸 보면 부아가 치밀기도 하지만 착한 사람들은 잘 대해주어서 고맙고 나쁜 사람들은 고생을 통해 우리를 단련할 수 있는 기회여서 좋고.

어머니, 비록 멀리 떨어져 서로 보지 못하지만 기억 속에서 새로운 방법으로 서로를 바라볼 수 있고 마주 대할 때보다 오히려 더욱 가깝게 느껴질 수도 있을 것입니다. 아프간과 관련된 어두운 뉴스를 들으시거든 너무 불안해하지 마시고 제가 보고 싶거나 걱정되실 때는 기도하십시오. 어머니의 기도로 지금까지 아무 탈 없이 살아왔고, 또한 지금의 제가 있게 되었고 앞으로도 그럴 것입니다. 서로 떨어져 있지만 저는 어머니와 딸이 서로 존경하고 자랑스러워하는 그런 사이가 되었으면 좋겠습니다.

어머니, 홀로 외롭고 힘든 생활이지만 지치지 마시고 그 속에서 위로와 안식과 평안을 얻으시길 기원하며.

딸에게 보내는 편지

사랑하는 막내 진아,

네가 떠난 지도 벌써 3개월이 가까워 오는구나.

너의 선배로부터 편지를 받고 곧 펴보고 싶었으나 꾹 참고 집에 가서 혼자 훌쩍거리면서 읽어보려고 참았단다. 이제는 좀 적응이 되는지 궁금하구나.

그곳 음식은 식성에 맞는지, 또 기후는 견딜 만한지.. 너의 사진을 보니 좀 통통해진 것 같아 조금은 안심이다마는.

네가 곁에 없으니 지난날 내가 너에게 잘못한 모든 일들이 떠오른다. 그땐 너희들도 힘들었고 엄마 또한 많이 힘들어 마음에도 없는 말을 내뱉으며 너희들 마음을 몹시 상하게 했었다.

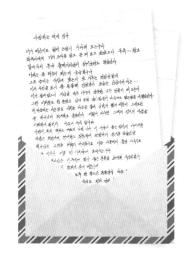

그러고선 늘 하나님께 회개하고 울었단다. 세월이 지나면 그때의 엄마 마음을 이해하게 될 거다. 마음에 두지 마라. 생각이 짧은 이 엄마는 어려서부터 착하고 예쁜 네가 적령기에 연애하고 결혼하여 평범하게 살기를 바랐건만 하나님은 그것을 허락하지 아니하시고 너를 훈련시키고 단련시키시려고 먼 이국땅으로 보내시는구나.

그러나 하나님은 네 주위에 항상 좋은 분들을 있게 해주신 것 같다. 네가 성실하고 참되게 살기 때문인지 그곳에 함께 계신 분들도 모두 참 좋으신 분들 같아 마음 든든하구나.

지금 나라 안은 너무나 혼탁하고 정치, 경제, 사회 그 어느 구석을 보아도 하나님 보시기에 악하기 그지없는 것 같단다. 모두가 자신을 돌아보고 작은 일에서부터 고쳐나가며 철저히 회개의 운동이 일어나야 겠구나 하는 생각이 든다.

나눔과 자원봉사가 활성화되며 올바른 가치관이 정립되어 정직하고 땀 흘리며 애쓰는 사람이 잘사는 사회가 되었으면 좋겠다.

이 엄마도 부족하나마 나라 위해 너를 위해 기도하고 있단다.

하나님은 어디에도 계시며 늘 너와 함께 계심을 믿는다.

이 시대에 필요로 하는 쓰임 받는 주의 자녀 되어라.

언니와 함께 너의 통장을 정리하다 보니 눈물이 핑 돌더라.

10년 가까이 시골에서 고생하며 땀 흘려 애써 모은 돈을 이 엄마에게 뚝 떼어 생활비로 주고 가니 나이든 사람 오래 사는 것도 자식들에 짐이 되는 것 같아 마음이 편치 않단다.

계절이 계절이라 그런지 요즘 엄마는 창가에 앉아 있는 시간이 많아졌단다. 하늘을 바라보면서 지난날들을 회상한단다. 뭐 이 나이에 고독과 낭만을 즐기는 것이 아니라 지난날의 잘못된 일 있으면 회개하고 앞으로 남은 날들을 어떻게 살아야 주님 앞에 바로 서는지.

여러 가지로 불편한 그곳에서 메일을 보내는 것도 쉽지 않을 테니 이 엄마 위해선 일부러 신경 쓰지 마라. 엄마는 너무 편한 것이 네게 미안하단다. 날씨가 추워지면 옷도 사 입어야 할 텐데 돈 필요하면 보내 달라 하려무나. 어디서든 건강이 제일이니 건강에 유의하고 항상 주님께서 우리 진이와 함께하시리라 믿으며.

대구에서 엄마가

내 마음의 고향

지난주에 쌍글락이란 시골마을에 다녀왔다. 쌍글락은 우리가 운영하는 이동진료센터가 있는 곳인데, 카불에서 4시간 비포장 길을 달려 도착했다. 삭막하고 분주한 수도 카불과는 전혀 다른 풍경이 펼쳐져 있었다. 길가로 사과밭이 이어져 있고 한가운데로 맑은 시냇물이 흐르는 한적한 곳이어서 전쟁의 상흔을 전혀 느끼지 못할 정도로 평화로운 마을이었다.

이곳을 보니 내가 지난 10년간 직장생활을 했던 경북 의성이 떠올랐다. 불과 3개월 전까지 근무했던 곳. 지금은 어떤 풍경이 펼쳐져 있을까? 첫서리 오기 전에 사과 따느라 많이 바쁠 것이다. 서둘러 정리를 하느라 제대로 인사도 못 드린 게 마음에 걸렸다. 그중에서도 나를 사랑해주신 상사분들과 동료들, 사무실 직원들. 가족같이 정들었던 나의 클라이언트들. 추우나 더우나 반찬을 만들어 1시간 거리를 걸어서 배달해주셨던 클라이언트 아줌마, 방문할 때마다 몸 약하다고 비싼 토종꿀을 퍼주셨던 아저씨들, 하루에 한 번씩 전화해서는 아프다고 엄살떠는 할아버지, 당뇨병으로 매일 인슐린 주사를 자기 팔에다 꽂는 초등 6학년 소년소녀가장, 술만 먹으면 사무실이 떠나가라 소리 지르는 알코올 중독자, 가끔씩 사무실에 와서 슬쩍 껌 한 통 놓고 사라지는 총각할아버지, 아~ 수채화 같은 풍경들. 모두가 눈물 나게 그립다(나 다시 돌아갈래~).

도착해서 진료센터에 들어가니 많은 지역유지들과 스텝들이 기다리고 계신다. 어르신들을 보니 의성의 시골할아버지들이 떠올라 처음 만났는데도 낯설지 않고 푸근했다. 가난한 농촌살림에 다들 어려우실 텐데 식사도 준비해 두셨다. 처음으로 시골밥상을 체험해보는 시간이었다. 평소 음식을 그다지 가리지 않는 편인데다 배도 고파서 허겁지겁 먹는데 옆에서 지부장님이 살짝 귀띔하신다. 잘못 먹으면 탈날 수 있으니 조심하라고. 데운 음식은 괜찮은데 날채소는 조심할 필요가 있다고. 처음 오리엔테이션 때 들은 기억이 난다. 외국인들이 배탈 나는 주요 원인은 물갈이와 날채소 때문이라고 한다.

식사가 끝나고 미팅 자리에서 지역 어르신들이 진료센터를 계속 운영할 수 있는 방법은 없는지 질문들을 하셨다. 시범적으로 운영한 이동진료센터라 종료를 앞두고 있었기 때문이다. 단기성 프로그램의 한계를 극복하기 위해서는 지역사회와 함께 운영할 수 있는 방안을 모색해 볼 필요가 있다. 의료시설이 없는 시골지역이라 지속가능한 방안들로 접근해야 할 필요성을 느꼈다. 차를 타고 오면서 돌아보니 마을 할아버지들이 먼지 풀풀 날리는 길에 서서 계속 배웅하고 계셨다. 마음이 짠하다.

덩달아 배고픈 라마단

무슬림은 구원받기 위해서는 5가지 기둥을 지켜야 한다고 믿는다. 신앙고백, 기도, 구제, 금식, 그리고 성지순례. 이 중 한 달 동안 금식하는 라마단이 얼마 전에 시작되었다. 특이한 것은 라마단 시작일이 날짜가 정해진 게 아니라 전날 밤에 달을 봐야 알 수 있다는 것이다. 라마단이 시작되는 첫날은 공휴일이다. 하루하루를 달리는 우리에게는 다음날이 휴일인지 아닌지에 따라 업무 스케줄을 조정해야 한다. 방송에서 내일이 공휴일이라고 하면 공휴일이 되고 방학이라고 하면 모든 학교가 일제히 방학에 들어가는 웃지 못할 일이 다반사로 일어난다.

일단 라마단이 시작되면 한 달 동안 무슬림들은 동트기 직전에 한 번 식사하고 해가 지고 나서 한 번 더 먹는다. 허기진 상태에서 저녁을 먹으니 과식하게 되어 위장병 환자들이 많이 생긴다고 한다. 그 시간 외에는 물도 못 마실뿐더러 침도 못 삼키고 뱉어내야 한다. 여성들은 그 기간에 화장하거나 꾸미지 못한다. 관공서는 12시 반에 문을 닫는다. 우리 사무실도 라마단 기간에는 오후 2시까지만 근무한다. 새벽밥 먹고 하루 종일 버티니 사람들이 오후만 되면 기운을 잃어 일을 시켜도 능률이 안 오른다. 그래서 중요한 업무는 오전에 미리 다 처리해놓아야 업무 진행이 수월하다.

로컬 식당들은 문을 닫고 외국인을 상대로 하는 식당만 영업하는데, 그곳에서 요리하는 무슬림들은 정말 힘들 것이다. 코를 막고 요리할 수도 없고.

매년 열흘 정도 날짜가 앞당겨지는데 여름에 라마단이 오면 많이 힘들다고 한다. 숨쉬기도 힘든 무더운 여름 대낮에 아무리 갈증이 심해도 참아야 하니 쓰러질까 염려도 된다. 그래도 다들 라마단을 철저히 지킨다. 평소 행실을 보면 날라리 무슬림 같은데 시간마다 기도하고 금식하는 모습에 존경심까지 든다. 온 국민이 온 나라가 금식과 절제의 삶을 살고 전쟁 중이라도 이 기간만큼은 휴전에 들어간다. 종교적 맹신이라 할 수도 있지만 인간의 본능과 내면적 욕구와의 투쟁을 벌이는 그들의 모습이 신성하게 보였다. 이슬람의 힘이 느껴지는 때이다. 한 달을 이렇게 보내고 나면 몸과 마음이 깨끗하게 정화되어 신앙이 성숙해지고 자존감도 높일 수 있는 기회다. 난 한 끼만 굶어도 눈에 헛것이 보이고 어질어질해서 금식이 힘들다. 친구 하나는 기독교인인데 라마단 때 딱 하루 똑같이 따라했다가 죽는 줄 알았단다. 배고픈 것은 참을 수 있고 물 마시는 것도 참을 만한데 침 못 삼키는 것이 그렇게 힘들었단다. 입 안이 딱 말라붙는 느낌이라나?

아무튼 우리는 한 달 동안 아저씨한테 아침마다 빵 심부름도 못 시키고 당 떨어질 때를 대비해서 책상 위에 둔 군것질거리도 다 치우고 침도 못 삼키는 그들 앞에서 미안해서 물도 몰래 마시고 있다. 점심도 직원들 퇴근시킨 후 점심 겸 저녁을 먹는다. 그래서 밤엔 배가 고파 꼬르륵 소리를 들으며 잠을 청한다. 빨리 라마단이 끝나기를.

아프간 다리어 수업

우리 다리어 선생님은 카불대학교 의과대 출신이다. 한국의 서울대 의대 같은 곳이라고 한다. 다리어 수업을 하다 보니 언어 배우는 것보다 선생님과 토론하는 게 더 재밌다. 물론 서로가 버벅대는 영어로 소통을 해서 이해의 한계가 있긴 하지만 처음에는 질문을 해도 수줍어서 제대로 답변도 못하더니 며칠 지나자 똑 떨어지게 자기 의견을 말한다. 탈레반 시절보다 지금이 더 나을 것도 없으며 아프간의 미래가 어둡다는 그의 말에 우리는 충격을 받았다.

그가 하는 말을 간추리면 다음과 같다.

탈레반 때는 여성들이 힘들었지만 남자들은 그럭저럭 살 만했다. 지금은 수많은 외국인들이 들어와서 원조활동하고 있지만 과연 누구를 위한 개발인지 모르겠다.

이들이 들어오고 나서 부유층, 권력층만 점점 살쪄간다. 부자들은 나라가 어려울 때는 해외에 나가 있다가 형편이 좀 나아지자 귀국해서 주요 자리를 꿰차고 있다. 이들은 나라가 어려워지면 분명히 또 나갈 것이다. 몇 년 전까지 땡전 한 푼 없던 사람들이 지금은 부와 권력을 한꺼번에 쥐고 각국에서 쏟아 붓는 돈은 인플레이션을 일으키고 서민층은 더 곤궁해져 간다. 이 나라에서 정말 필요한 것이 무엇일까? 병원, 학교, 물, 전기다.

많은 국제기구들이 병원, 학교, 물, 전기와 관련된 사업을 하고 있지만 이런 사업들이 카불에서만 집중적으로 행해지고 다른 지역에서는 거의 없다. 지방에는 수질이 좋지 않아 수인성 질환으로 죽는 사람들이 많고 임산부들은 제대로 진료를 받지 못해 사망률이 높다.

각국에서 하는 개발사업은 결국은 자국의 이익을 위한 것일 뿐이며, 우리나라 사람들은 별로 원하지 않는다 등등.

카불의대를 졸업하고도 일자리가 없어 직장을 알아보고 있는데 쉽지가 않는 모양이다. 그래서 더욱더 열변을 토한다. 그의 말에 전적으로 동의할 수는 없지만 어쨌든 많은 생각이 들게 한다.

각국에서 경쟁적으로 벌이고 있는 구호와 개발사업. 가난하고 소외된 이들을 돕기 위해, 나라의 안정과 평화를 위해 찾아온 수많은 단체들은 과연 무엇을 추구하고 있는가? 도대체 누구를 위한 개발인가? 완공된 건물을 쳐다보면서 성과의 자기만족에 빠져 있지는 않은지, 이들에게 얼마나 도움이 되는지, 이들의 귀중한 뭔가를 파괴하고 있는 것은 아닌지.

주민들이 실감하고 참여하지 않는 개발은 오히려 뭔가를 파괴할 수도 있을 것이란 생각이 들면서 나도 거기에 일조하고 있지 않은지 마음이 무거웠다.

카불 도심도 교통지옥이다

누가 한국 사람들의 운전 스타일이 터프하다고 했던가? 이 아프간 사람들에 비하면 새 발의 피다.

터프하다 못해 난폭하다는 표현이 맞겠다. 거의 곡예 수준이다. 방어운전을 제대로 하지 못하면 언제 부딪힐지 모른다. 방어운전을 못해 교통사고가 나더라도 외국인이라 보상도 못 받는다. 자기가 와서 부딪혀놓고 물어달라며 엄청난 보상을 요구하기도 한다.

카불은 포장된 도로가 거의 없고 도심 중앙의 일부구간에만 있고 도로 중앙선도 교통신호등도 없다. 가끔 경찰들이 손에 표지판을 들고 교통정리를 하지만 러시아워 때는 서울 도심의 혼잡한 교통상황과 거의 맞먹는다. 좁은 도로에 차량은 계속 늘어나니 갈수록 교통상황은 나빠진다. 게다가 양보운전 따위 전혀 없다. 운전기술만 배우고 운전매너는 안 배운 것이다. 좁은 골목길에서 서로 마주치면 상대방이 양보해주길 기다리며 꼼짝도 않는다. 서로 빵빵거리고 삿대질만 하면서. 그래서 한번 차가 막혀버리면 몇 시간이고 차 안에 꼼짝없이 갇혀있어야 한다. 나도 차 안에 갇혀 1시간 이상 기다린 적도 많았다. 냉방도 안 되는 차(에어컨을 수리하면 금방 고장 난다. 엄청난 먼지 때문) 안에서 땀을 줄줄 흘리면서 바깥의 먼지를 고스란히 마실 수밖에 없다.

하루는 러시아워도 아닌데 도로가 막혀 무슨 일인가 했더니 도로 한가운데서 싸움판이 벌어져 있었다. 두 사람이 엉겨 붙어 주먹질을 해대고 이들을 둘러싸고 있는 구경꾼들이 보였다. 사람들은 차에서 내려 재미난 듯 구경하고 있었다. 경찰을 부르면 안 되냐고 우리 운전사에게 말했더니 손가락으로 가리켰다. 두 명의 경찰이 말릴 생각도 않고 재미나게 구경하고 있었다. 무늬만 경찰이다.

유언장 쓰기 체험

우르르 쾅쾅!

갑자기 엄청난 폭발음과 함께 집 전체가 흔들렸다. 아주 가까운 데서 뭔가 터진 것 같다.

차량이 폭발했다느니, 지뢰가 터졌다느니 이런저런 추측이 난무한 가운데, 잠시 후 우리는 사실을 전해 듣고 경악했다. 우리 사무실 근처에 있는 인터콘티넨탈 호텔 마당에서 미사일이 터졌다는 것이다. 그 호텔에는 외국기자들과 고위층 사람들이 주로 묵고 있었다. 다행히 인명피해는 없고 호텔 유리창이 깨지는 정도에 그쳤다고 한다. 오늘은 시내 한복판에서 총격전도 있었다. 요즘 부쩍 더 많은 헬기들이 날아다니고 거리에도 무장군인들이 더 많아졌다. 얼마 전에는 UN 여직원이 대낮 도심 한가운데서 저격당해 목숨을 잃었다. 한국인 가정에도 대낮에 총기를 든 강도가 들었다. 라마단이 끝나는 다음날부터 사흘 동안은 이드라는 명절이다. 이때 가축을 잡아 제사를 지내는데 그 제물이 사람일 경우도 있다며 외국인 한 명당 몇 달러라는 삐라까지 뿌려졌다고 한다. 한국에서 2002년 의료지원부대에 이어 2003년에는 공병부대가 추가 파병되면서 탈레반이 한국인을 겨냥할지도 모른다는 소문도 들렸다(항상 소문은 실제보다 더 무섭다).

이젠 마음 놓고 바깥출입도 할 수 없고, 나갈 때도 주위를 자꾸 둘러보게 되고 차도르도 더 깊숙이 눌러쓰게 된다. 아프간 남자들의 눈길도 평소

엔 느끼했지만 이젠 섬뜩했다.

한국을 떠나올 때 유언장을 작성했다. 죽음을 앞둔 노인이나 환자들이나 쓰는 거라 생각했는데 막상 작성하려니까 기분이 이상했다. 본인의 유산은 누구에게 줄 것인지 등 몇 가지 질문에 답하면서 지나온 삶이 스크린처럼 펼쳐졌다. 불확실한 미래에 대한 불안감보다는 지금까지 열심히 살지 못한 것에 깊은 반성이 되었다. 해야 하거나 하고 싶었으나 게을러서 혹은 용기가 없어서 못했던 일들도 떠오르고, 별것 아닌 일에 화를 내거나 두려워했던 일들도 떠올랐다. 그러면서 앞으로 열심히 살아야겠다는 각오도 다졌다.

충분히 각오하고 왔는데 막상 분위기가 이렇게 뒤숭숭하니 두려움이 엄습했다. 누구도 피할 수 없는 극적인 상황을 맞게 되면 과연 나는 어떤 행동을 할 것인가? 초연한 상태로 모든 것을 받아들일 것인지 아님 살아남기 위해 비굴하게 몸부림 칠 것인지. 죽음의 위험이 닥치면 누구나 본능적이 되게 마련이니 나도 내가 어떻게 할지 모르겠다. 생각이 많은 요즘이다. 그래서 매일 이런 기도를 하게 된다.

밤에 잘 때는, '오늘 하루도 살아있게 해주셔서 감사합니다.'

아침에 일어나서는, '오늘 하루도 살아있게 해주세요.'

한국에서 너무나 하고 싶은 것들

만일 내게 며칠 동안의 한국행 휴가가 주어진다면, 먼저 거치적거리는 이 긴 치마부터 벗어던지고 싶다.

이 나라 여성들이야 어려서부터 바지 위에 치마를 입고 살아 불편을 모르지만(여성의 엉덩이 라인이나 손목, 발목이 보여선 안 된다) 치마라고 생긴 물건이 없는 나로서는 긴 치마를 입고 걸어 다니는 게 여간 불편하지가 않다. 특히 차를 탈 때나 계단을 오르내릴 때 걸려 넘어지거나 밟혀 흘러내리기도 한다(우리 어머니 세대들은 어떻게 치렁치렁한 한복을 입고 살았는지 몰라). 그래서 한국 가면 치마를 벗어던지고 몸에 딱 붙는 청바지 차림으로 밤늦도록 거리를 마구 활보하고 싶다. 밤에도 마음 놓고 돌아다닐 수 있는 나라라는 게 참 좋다.

둘째, 대중목욕탕에 가서 뜨끈뜨끈한 탕 속에 온몸을 푹 담가보고 싶다. 욕조는커녕 간단한 샤워만 하려 해도 전기가 들어오는 날을 기다려 보일러 켜서 물을 데워야 한다. 그마저도 용량이 작아 샤워하다 찬물이 뿜어져 나와 덜덜 떨 때도 많다. 전기가 들어오지 않는 날은 발전기를 사용해서 보일러를 켜야 하는데 발전기 용량이 작아 집의 모든 전기를 꺼야만 겨우 보일러가 돌아간다. 그래서 한국에 가자마자 습식 사우나에서 땀을 줄줄 흘리며 숨 막힐 때까지 있어도 보고 싶고, 뜨거운 탕에 들어가서 피부가 익을 정도까지 푹 잠겨도 보고 싶다. 특히, 내 몸에서 나온 때로 하수구가 막힌다 하더라도 살갗이 벗겨질 때까지 때밀이 타월로 박박 밀어보고 싶다.

셋째, 아~ 삼겹살! 불판에서 지글거리며 노릇노릇 익어가는 삼겹살을 배터지도록 먹고 싶다. 구운 마늘과 김치를 곁들이면 최곤데. 삼겹살만 보면 정신을 못 차리는 내가 돼지고기가 금기되어있는 나라에서 살고 있다. 우리 언어 선생님조차 다리어로 돼지고기가 뭔지 선뜻 대답을 못한다. 한국에서도 자취할 때 일주일에 한두 번은 구운 삼겹살에 마늘, 고추 얹어 맛있게 쌈 싸먹었는데. 쩝~

마지막으로 노래방 가서 목이 쉬도록 노래를 불러보고 싶다. 평소 운전할 때면 소리 꽥꽥 지르며 몸까지 흔들어가며 불렀는데 여기서는 목소리조차 크게 내지 않고 조신하게 살고 있다. 탈레반 통치 시절에(음악을 금지시켰다) 어떤 여성이 일하면서 무심코 콧노래를 부르다가 끌려갔다는 말까지 들었으니 자연히 조신해질 수밖에. 내 애창곡인 달타령을 언제쯤 불러볼 수 있을까. 숙소에 작은 노래방 기기 하나 있으면 얼마나 좋을까. 아니다, 여기 외국인 산다고 소문나면 탈레반 표적이 될 수도 있으니 꿈도 꾸지 말아야 한다.

이런 일들은 한국에서는 흔한 일상이다. 하지만 이곳에서는 꿈을 꾸고 행복을 만들어내는 역할을 한다. 누군가가 준 새우깡(한국에서 잘 안 먹던 사람도 여기서는 환장한다. 스낵류는 부피를 많이 차지해서 가져오기 어렵다) 한 봉지에 뛸 듯이 좋아하고, 가래떡(떡국, 떡볶이, 떡꼬치, 부대찌개 등 다용도로 쓰인다. 한국에서 냉동실에 꽁꽁 얼려놨다가 가져오면 중간에 상하지 않는다), 라면(국물라면, 라볶이, 김치찌개 등 역시 다용도)에도 감격하게 된다. 떡볶이와 라면은 해외에서 소울 푸드가 된다.

사람은 역시 약간의 결핍이 있어야 행복한 것 같다. 행복이 잘 보이지 않는 것은 내가 지금 너무 많이 가지고 있기 때문은 아닌지. 행복은 작은 곳에 숨어있다.

나를 슬프게 하는 사람들

돈 많은 외국인으로 보이는지
세 배나 바가지를 씌우는

앞니 빠진 옷가게 할아버지가
나를 슬프게 한다.

시장에 갔는데 느끼한 눈빛으로
"쪽쪽" 소리를 내면서 내 옆을 지나가는
머리에 피도 안 마른 녀석이
나를 슬프게 한다.

장난으로 짱돌을 내게 던지면서
주위를 맴도는 코흘리개 아이들이
나를 슬프게 한다.

돈 없다니까 무시무시한 저주를 퍼붓고
팔까지 꼬집고 돌아서는
구걸하는 과부가
나를 슬프게 한다.

잠시 정차해둔 차를 누군가 펑크 내어
열 받아 있는 내게 치근대는
껄렁패 아프간 경찰이
나를 슬프게 한다.
반지를 끼워주면서

돼지고기 주물럭처럼 내 손을 주무르는
액세서리 가게 털북숭이 아저씨가
나를 슬프게 한다.

영혼을 치유하는 호수 반디아미르

아프간을 찾는 배낭여행자들은 너나없이 이런 말을 한다. 반디아미르 호
수는 세상에서 가장 아름답다고. 이런 척박한 땅에 과연 그런 데가 있을
까? 그렇다면 왜 그동안 알려지지 않았을까? 반신반의했었는데 오늘 드
디어 그곳에 간다.

낡은 봉고차로 카불에서 비포장 길을 무려 11시간을 달려 온몸이 거의
부서질 지경이 되어서야 도착했다. 3천 미터 고도의 바위산을 넘고 넘어
도착한 반디아미르는 마치 별천지에 온 듯 경이로워 보였다. 독특한 바위
산으로 둘러싸인 5개의 호수는 서로 이어져 있는데, 그 투명하고 청명한

보석보다 더 고운 옥빛은 말로 표현할 수 없을 정도로 신비롭고 아름다웠다. 물이 귀한 나라인데도 호수 바닥에서는 샘물이 끊임없이 솟아나 폭포가 되어 흘러넘치고 있었다. 물이 어찌나 차갑던지 한여름인데도 손을 담그고 10초 이상 버티지 못했다. 당연히 샤워는 불가능하고 세수를 해도 물을 한번 끼얹고는 잠시 쉬었다 또 끼얹어야 할 정도로 얼음물처럼 차다. 현지인들은 호수에 몸을 담그면 질병이 치유된다며 몸에 끈을 동여매고 호수로 뛰어들었다. 하지만 몇 초 버티지 못하고 금방 뛰쳐나왔다.

몇 년째 혼자 세계배낭여행 중이라는 현정 씨는 이렇게 감탄사를 연발했다.

"와~ 죽인다. 와~ 제기랄! 왜 이렇게 아름다운 거야. 미친 거 아냐?"

배낭여행 전문가(그녀는 글도 작가 수준이고 사진도 수준급이다)의 입에서 나오는 말 치고는 저렴하다. 출장길에 파키스탄 게스트하우스에서 처음 만나 아프간까지 동행해서 며칠 같이 지냈다. 수년 동안 여행 중인 사람의 짐이라고 보기엔 너무나 작고 가벼운 배낭, 옷가지도 별로 없어 내가 몇 벌 챙겨주었다(그녀는 이마저도 떠날 때 가난한 사람들에게 나눠주고 갔다). 아프간에 오자마자 동네 단골찻집도 만들고 분명 아프간 어를 전혀 못하는데도 찻집사장과 몇 시간씩 놀다 들어왔다. 그녀는 곧 이란으로 떠날 예정이다. 중동을 거쳐 이집트, 터키를 거쳐 남미로 이동한다. 이 멋진 여성을 놓칠세라 봉사활동 끝난 후 이란에서 조우해 이집트까지 함께 여행할 계획을 세워놓았다(슬프게도 못 가고 말았다. 그놈의 말라리아가 내 발목을 잡았다).

그녀와 함께 화장실에 가려고 숙소 주인에게 화장실을 물으니 웃으면서 주위가 다 화장실이라고 자유롭게 사용하란다. 그때 누군가가 저쪽에 화장실이 있다면서 손으로 가리킨다. 다 무너져가는 벽에 지붕도 없고, 찢어진 쌀자루가 문을 대신하고 있다. 바람이 부니까 쌀자루가 태극기처럼 펄럭인다. 들어가니 비좁은 공간에 이미 누군가의 흔적들로 빼곡하여 발 디딜 틈이 없다. 먼저 들어간 그녀는 이런 일에 이골이 난 듯 금방 자리를 잡고 볼일을 본다. 내가 계속 자리를 못 잡고 서성이니까 그녀는 오래되어 말라비틀어진 지뢰(?)를 걷어차면 된다고 조언했다. 조금이라도 더 나은 자리를 찾아 한참을 두리번거리다 겨우 자세를 잡으며 문명인의 비애를 느꼈다. 그녀에게 좀 더 배워야겠다.

현정씨(좌)와 현지 소녀와 함께

아무튼 반디아미르는 왕의 보석이라는 의미대로 사막 한가운데서 보석처럼 빛나고 있었다. 아프간 전체에 흐르는 척박한 회색빛 이미지가 이 호수로 인해 보물을 숨겨둔 나라로 탈바꿈했다. 이 숨겨진 보물 반디아미르가 조금씩 소문이 나서 여행객들이 꾸준히 오고 있다고 한다. 호텔이 들어설 것이라는 소문도 있다. 그냥 그대로 두면 좋겠다. 개발하지 말고 자연 그

대로. 누구나 한번 방문한 사람이라면 다들 같은 생각일 것이다.

문화충격

바자르(시장)나 시내를 다니다 보면 재미있는 광경을 자주 목격한다.

푸른 초원이 없는 아프간은 도시나 농촌의 구분이 무의미하다. 도시에서도 양떼를 많이 본다. 하지만 우리가 생각하는 뉴질랜드의 푸른 초원에서 싱싱한 풀을 뜯는 양들이 아니다. 풀을 뜯는 대신 쓰레기장에서 음식물 찌꺼기를 먹고 자란다. 목동들의 역할은 양들을 푸른 초장이 아닌 쓰레기장으로 인도하는 것이다. 그 양들을 잡아서 사람들은 맛있다고 먹어댄다.

아프간 도착해서 얼마 안 됐을 때, 정육점에 고기를 사러 갔다가 그대로 되돌아 나올 뻔했다. 피가 뚝뚝 떨어지는 금방 잡은 소나 양을 갈고리에 꿰어 문설주에 주렁주렁 매달아놓은 걸 보고 기겁을 할 수밖에. 목이 잘린 소가 두 눈을 부릅뜨고 나를 쳐다보고 있고 껍질 벗겨진 양이 널브러져 있다. 이들 주위로 파리 등 온갖 날벌레들이 우글거린다. 건조한 날씨라 고기는 절대 상하지 않는다. 그래서 고기를 사면 집에 와서 굵은 소금으로 벅벅 문질러 씻어야 한다. 앞으론 다시 고기 안 먹겠다고 다짐했는데, 저녁상에 오른 소불고기를 배터지게 먹고야 말았다.

길거리에서 남자들이 손잡고 다니는 것도 특이하다. 손을 다정하게 잡고 걸어가거나 손을 만지면서 서로 대화하는 모습을 보고 처음엔 동성애

자인 줄 알았다. 하지만 대부분의 남자들이 그러고 다녔다. 내가 자꾸 쳐다보니까 우리 직원이 서로 친밀한 관계에서는 자연스러운 행동인데 왜 그러냐며 도리어 날 이상하게 생각했다. 하기야 한국여성들이 서로 팔짱 끼고 다녀 외국인들이 한국엔 레즈비언이 많다고 했다던데 그럴 수 있겠다 싶다.

또 하나 특이한 것은 벽을 마주보고 쭈그리고 앉아있는 남성들이다. 아프간 남자들은 앉아서 소변을 본다. 처음엔 뭔지 모르고 벽보고 앉아서 기도하는 줄 알고 차안에서 유심히 쳐다보기도 했었다. 남자들은 서서 볼일을 보는 줄만 알고 있었던 내게 문화충격이었다.

맑은 가난

'무소유란 아무것도 가지지 않는 것이 아니라 불필요한 것을 가지지 않는 것이다.'

내가 좋아하는 법정스님의 책에서 밑줄까지 쳐가며 읽었던 구절이다. 그 영향으로 자취할 때 단출하게 살았었다. 물건 하나를 구입하더라도 이게 꼭 필요한 것인지 몇 번이나 생각했으니까.

휴가를 받아 잠시 한국에 다녀왔다(1년 파견 봉사단원은 휴가가 불가능한데 아프간은 특수한 상황이라 가능했다). 아프간에서 한국에 도착하니 모든 게 다르게 보였다. 고층건물, 깔끔한 버스와 기차, 언제나 쓸 수 있는 고마운 전기, 따뜻한 방, 온수. 풀풀 날리는 사막먼지도 없고 아무데서나 전화기도 잘 터진다. 느끼하게 뚫어져라 쳐다보는 남자도 없고 치렁치렁한 치마와 자꾸 훌러덩 벗겨져서 수십 번을 고쳐 써야 하는 차도르에서 해방되었다. 안전에 신경 안 쓰고 길거리를 밤늦도록 활보할 수도 있다. 삼겹살도 마음껏 먹었다. 며칠 지나자 마음이 편치 않았다. 편리했지만 편치 않는 이 느낌은 뭐지? 나만 자유롭고 잘 먹는 것에 대한 죄책감 같이 뭔가 한마디로 딱 표현할 수 없는 미안한 마음이 계속 따라다녔다.

한국은 자꾸 충동구매, 과소비를 부추긴다. 아프간에서는 생활비 외엔 돈 쓸 일이 없었는데. 그 나라에 없는 물건, 꼭 필요한 물건들이라며 이것저것 사재기를 했더니 어느새 방안은 발 디딜 틈 없을 정도로 가득 차 버렸다. 화장품, 라면, 각종양념, 과자, 오징어, 멸치, 내복 등. 옆에서 거들어주던 엄마는 결국 골치 아프다면서 포기하시고, 나는 밤잠을 설치면서까지 수십 번이나 짐을 싸다 풀다 반복했다. 나는 이제 갖지 못한 것보다 갖고 있는 것 때문에 머리가 아팠다. 결국 부피가 큰 것 몇 가지를 뺄 수밖에 없었다. 나그네의 짐은 가벼워야 한다고 평소 주장했는데 내 짐은 큰 트렁크와 등 뒤의 배낭, 양손에 짐 보따리 가득이다. 공항으로 들어서는데 짐의 무게가 내 인생의 무게 같아 서글픔이 느껴졌다. 결핍이 많은 나라에 가면서 적응하려 하기보다 풍부하게 살려고 바리바리 싸가지고 간다. 소유를 통해 존재가치를 증명하려는 사람들, 남보다 더 가지려는 중병을 앓고 있는 현대인들. 더 좋은 집, 더 좋은 차와 최신 핸드폰…쓸 만한데도 계속 더 비싸고 좋은 새것을 사고 싶어 안달하는 사람들을 비난했었다. 행복은 풍부하게 소유하는 데 있는 것이 아니라 풍성하게 살아가는 데 있다면서. 스스로 선택한 가난을 추구했었다. 하지만 그 비난의 화살이 이젠 내게로 향해있다. 그 투명하고 맑은 가난을 되새겨 본다.

인샬라

"내가 말이다. 터키 갈라꼬 공항에서 티케팅 하고 기다렸다 아이가. 몇 시간 기다리니까 비행기가 이상이 생겼다고 오후에 다시 오라 안 카나. 그래서 집에 갔다 오후에 다시 갔다 아이가. 승무원이 비행기 타라 카더라. 그란데 뜨는가 싶더만 다시 원점으로 돌아가 뿌는기라. 엔진점검을 다시 해야 한다꼬 그냥 앉아서 기다리라 카더라. 내 참, 또 가만히 앉아 1시간 기다렸다 아이가. 쪼매 있다가 승무원들이 기내식을 주데. 맛있게 먹고 있는데 방송에서 이카는 게 아이가. 그걸 듣다가 체할 뻔 안했나. 오늘 못가니까 내일 다시 오라꼬."

얼마 전에 들었던 누군가의 경험담이다. 낡은 아프간 국적기 아리아나. 몇 년 전까지만 해도 민간 항공기도 없었다고 한다. 이륙했다 연료가 떨어지면 인근의 아무 국가에 착륙해서 연료 채우고 다시 뜨기도 한다. 어떤 분은 좌석이 흔들거려 타고 오는 내내 공포스러웠다고 하고 안전벨트 고정장치가 고장나서 그 끈을 길게 빼내어 몸에 감았다는 얘기도 들었다. 좌석도 정해지지 않아 먼저 가서 좋은 자리 차지하려고 남녀 할 것 없이 100미터 달리기를 한다. 맨 처음에 다들 뛰기에 근처에 폭탄 터진 줄 알고 나도 죽어라 뛰었었다.

카불 공항은 시골 역 대합실 같다. 공중전화, 환전소, 편의시설은 전무하고 어두컴컴한 공항 내부로 들어서면 수많은 사람들로 붐벼 시장바닥을 연상케 한다. 탑승객, 짐꾼, 잡상인, 군인, 경찰. 닳아빠진 군복을 입은 그들은 몇 마디 아는 영어를 툭툭 던지며 외국여성에게 시시덕거린다.

이렇게 여러모로 불편하지만 아프간 사람들은 그다지 불평이 없다. 여기서 가장 많이 듣는 말 중 하나인 '인샬라', 즉 '신의 뜻이라면'에 적응된 숙명론자들이라 체념과 포기가 빠르다. 외국인들 중 아프간에 오래 산 사람들도 그 문화에 적응되어 그러려니 하면서 산다. 불평이 많은 이들은 이곳에 온 지 얼마 안 된, 아직도 문화충격을 받을 것이 남아있는 초짜들이 대부분이다.

'인샬라'라는 말은 처음 들었을 땐 종교성이 담겨져 있어 거룩하게 느껴졌었는데 그 이면에는 다른 뜻이 담겨져 있음을 나중에야 알았다. 관공서에서 가서 내일까지 꼭 이 서류 부탁한다고 하면 인샬라, 공사업체에 언제까지 공사를 마쳐달라고 해도 인샬라, 버스타고 가면서 몇 시에 도착할 수 있냐고 해도 인샬라…… 별로 내키지 않는 약속을 할 때 신의 뜻이라면 지키겠지만 자신은 별로 지킬 마음이 없을 때 주로 사용했다.

우리 지부장님이 내게 지시했다. "오늘 중으로 이 보고서 반드시 끝마쳐야 합니다." 내가 친절하게 대답했다. "인샬라!"

깨진 공주병 증세

오늘은 아프간 달력으로 새해다(한국 달력으로 4월). 길고 추웠던 겨울이 가고 따뜻한 봄이 오니 생기가 돈다. 평소 친하게 지내던 한국인 몇 분과 인근 야산으로 봄소풍을 갔다. 공휴일이라 우리나라 피크닉 인파 못지않게 많은 사람들로 북적대고 있다. 우리나라 포장마차 같은 것도 있고, 자리를 펴고 고기냄새 풀풀 풍기면서 케밥 구워먹는 가족들도 보이고, 청년들이 친구들끼리 와서 축구도 한다. 우리나라 7, 80년대 아이스케키처럼 아이스박스에 빙과류를 넣어 어깨에 메고 다니는 상인도 보인다.

점심 먹으려고 돗자리를 깔고 도시락을 펼쳐놓는데 몇 명이 와서는 쳐다보고 있다. 하는 수 없이 주변 나뭇가지에 보자기와 천을 묶어서 가리고 점심을 먹었다. 배가 고파서 정신없이 밥을 먹다가 문득 뒤를 돌아보니 헉! 남녀노소 할 것 없이 백여 명이 넘는 사람들이 우리를 둘러싸고는 신기한 듯 쳐다보고 있었다. 옆에 앉은 젊은 친구는 자꾸 신경이 쓰이는지 몇 번이나 가라고 소리를 질렀다. 착한 경찰 한 명이 나서서 몇 번씩이나 쫓아냈지만 쉴 새 없이 모여들고 있었다. 아프간에 적응되어서인지 공주병 때문인지 나는 태연하게 밥을 잘도 먹는다. 몰려든 그들을 보니까 내가 오히려 재미있기까지 하다. '그래, 많이 봐라. 닳는 것도 아닌데.'

평소 공주병이 있던 나는 이곳에 온 뒤로 증세가 더 심해졌다. 대문 밖을 한 발짝만 나서면 수많은 사람들에게 둘러싸이는 게 보통이고 자전거를 타고 가다가 날 쳐다보느라 넘어지는 이도 있다. 그럴 때마다 '다들 이쁜 건 알아가지고.' 공주병이 자꾸 도졌다.

어느 날 우리 잘생긴 총각 직원이 달려와서는 흥분한 목소리로 말했다. 심부름 차 어느 한국단체에 갔는데 너무 아름다운 여성이 있어 한눈에 반했다는 거다. 그렇게 예쁜 한국여성은 생전 처음 봤다며. 아무리 생각해도 누굴 말하는 건지 모르겠다. 3명의 여성 중 도대체 누구지? 예쁜 여성이 없는데.

이름을 말하는데 헐~ 한국에서는 명함도 못 내미는 통통한 몸집에 달덩이 얼굴, 눈 꼬리가 살짝 찢어진 여성이었다.

"네 눈엔 그분이 그렇게 예쁘게 보여?"

"흰 피부에 둥글고 오동통한 얼굴, 눈이 약간 올라간 게 미인의 조건이야."

"야, 우리나라에서는 계란형 얼굴에다 마른 게 미인이야, 나처럼."

그는 이해가 안 된다는 듯 의심과 의문을 담아 물끄러미 쳐다보았다. 그러고는 웃으면서 말했다.

"에이~ 농담이지?"

그날 난 아프간에서 내가 못생긴 축에 속한다는 사실을 새롭게 알게 되었다. 그동안 나를 그렇게 따라다니고 쳐다본 수많은 사람들은 내가 그냥 외국인 여자라서 그런 것이었다. 공주병이 단숨에 사라져 버렸다.

푸른 부르카

아프간 여성들은 20세 전에 대부분 결혼한다. 영양부족과 의료시설이 제대로 갖추어져 있지 않고 건조한 기후 때문에 더 빨리 늙는다. 내 또래의 30대 여성들은 우리나라 4, 50대같이 보인다. 다산이 축복이라 한 가정의 평균 자녀수가 6.8명으로 10명 이상 자녀를 둔 가정도 수두룩하다. 제대로 된 산부인과도 없어 보건소에서 산파들이 아이를 받거나 집에서 출산하기도 한다. 다산을 하면서도 특별한 산후조리가 없어 만성질환에 시달린다. 그래서 부유층 사람들은 파키스탄이나 인도로 가서 원정출산을 하기도 한다. 부인이 출산능력이 없으면 남자들은 둘째 부인을 두는 경우가 다반사다. 자녀가 없는 우리 직원에게 둘째 부인을 둘 것인지 물었더니 싫다고 했다. 부인이 많으면 집안이 시끄럽다며 자긴 편하게 살고 싶단다. 그리고 부인이 무서워서 감히 그러지도 못한다며 웃었다.

아프간 여성들은 내가 액세서리를 그다지 하지 않는 걸 보고 이상하게 여겼다. 그들은 대부분 양쪽 귀 다 합쳐서 최소한 여덟 군데는 뚫었다. 많이 뚫어놔야 많은 귀걸이를 선물 받을 수 있단다. 여러 명의 부인 중 누가 가장 사랑받는지 쉽게 알 수 있는 방법은 액세서리를 많이 한 여성이라고 한다. 남자들도 참 그렇다. 선물할 것이면 부인들에게 골고루 나눠줄 것이지. 질투도 대놓고 못할 것이다. 부인이 마음에 안 들면 차도르에 불을 붙여 내쫓기도 한다. 웃지 못할 에피소드가 있다. 외국인이 아프간에 와서 보니 남자가 항상 우선순위였다. 걸을 때도 남자, 그 뒤에 노새와 말, 맨 뒤에 여성 순이다. lady first 하라고 교육 시켰다. 나중에 다시 와서 보니 교육 효과가 있었다. 정말 여성이 앞장서서 걷고 있었다. 감격해하는 외국인에게 아프간 남자가 말했다. "지뢰 때문에 말이에요!"

아프간에서 인상 깊은 장면을 꼽으라면 푸른 부르카의 여성들이다. 눈 부위만 망사로 되어있고 머리부터 발끝까지 뒤집어쓰는 옷이다. 부르카를 쓰면 누가 누군지 구분이 안 된다. 탈레반 시절보다 많이 달라졌다고는 하나 아직도 많은 여성들이 부르카를 쓰고 외출한다. 부르카로 가리면 남에게 그만큼 덜 노출되어 심리적 안정을 느낄 수 있다. 우리 직원 말로는, 아직도 부르카를 쓰는 여성은 외모에 자신이 없거나 가난해서 꾸미지 못한 얼굴 때문이라는 거다. 사고방식이 한국의 아저씨들과 닮은 듯하다.

부르카를 잠깐 써봤는데 질식할 것 같다. 벗고 나서 하루 종일 두통에 시달렸다. 한마디로 걸어 다니는 감옥이다. 숨 쉴 수 있는 공간은 눈 부위의 망사로 된 곳뿐이다. 시야가 좁아 옆 사람을 쳐다보려면 고개를 돌려야한다. 제한된 시각정보로 인해 상황판단이 느리니 교통사고 확률도 높다.

한번은 식당에서 어떤 여성이 밥을 먹으려고 부르카를 벗는데 얼굴을보니 화장이 아니라 거의 연극배우 분장 수준이었다. 두껍고 진한 화장은아프간 여성의 억눌린 욕구를 대변해준다. 여성으로서 가꾸고 싶은 욕망은 어느 나라나 마찬가지다. 뒤집어썼다고 마음까지 가린 것은 아니다.

부르카가 심리적 안정을 가져다주든 아니든 이건 사람이 할 짓이 아니다. 하루빨리 박물관에만 전시될 날을 기대한다. 우리나라 장옷이나 쓰개치마처럼.

세계 최대의 지뢰밭

출장 가는 길에 들판에서 쭈그리고 앉아 땅 속을 열심히 살피고 있는 사람들이 보였다. 헬멧과 보호 장비를 갖춰 입은 것을 보니 지뢰를 탐사하는모양이다. 주변에 흰색과 빨간색 돌이 놓여져 있었다. 우리 직원이 흰색돌은 지뢰제거를 완료했다는 뜻으로 안전지대를 나타내며 빨간색은 제거 전으로 위험경고 표시라고 했다. 전문단체들이 수년 전부터 제거작업을 해오고 있으나 워낙 많이 묻혀있는데다 제거속도에는 한계가 있어 민간인 피해도 속출하고 있다. 카불에 도착한지 얼마 안 되어 시내를 지날때나 시장을 가면 다리가 절단된 장애인들이 놀랄 정도로 많아 의아했었다. 전쟁 중 폭탄이나 총기 피해자들인가 생각도 들었지만 하필 다리만 집중적으로 그런지 궁금했는데 오늘 직원이 들려주는 얘기로 의문이 풀렸다. "아프간 사람들은 이런 농담을 해요. 아프간에는 두 종류의 사람이 있는데 다리가 하나인 사람과 둘인 사람으로 나뉜다구요." 이 말은 지뢰피해 장애인이 그만큼 엄청나게 많다는 끔찍하고도 슬픈 현실을 반영하고 있다.

1996년 유엔과 국제적십자에서는 전 세계 60여개 국가에 약 1억 1천만 개의 지뢰가 있다고 발표했다.

그중 아프간은 전 세계에서 지뢰가 가장 많이 묻힌 국가다. 1980년대 옛 소련이 아프간 공산주의 정부를 지원하기 위해 항공기를 이용해 천만 개 가량의 지뢰를 투하했다. 이후 정부와 반정부 세력 간의 내전 때에도 지뢰가 대량 매설되어 세계 최대의 지뢰밭이 되었다. 지뢰는 개당 생산가가 5달러 가량으로 저렴하지만 지뢰 하나 제거하는 데는 천 달러가 넘게 든다. UN과 국제단체의 지뢰제거 노력은 계속되고 있지만 지금의 제거 속도라면 지구에 묻힌 지뢰를 치우는 데 천년 이상의 시간이 걸린다고 한다. 지뢰는 그 어떤 무기보다 드러나지 않은 은밀함과 영구성이 강한 무기로 야비함과 사악함의 극치를 보여준다. 종전이 되어도 그 땅에 사는 사람들에게 전쟁은 끝난 것이 아니다. 지뢰는 전쟁을 계속 일깨우고 두려움과 공포를 끊임없이 일으킨다. 주민들과 아이들을 대상으로 지뢰에 대한 안전교육을 실시하는 단체들도 많지만 지뢰 사고 뉴스는 끊임없이 이어지고 있다. 가장 큰 피해자는 어린이들이다. 산에서 땔감을 줍다가 혹은 학교에 가다가 사고를 당하기도 하고 심지어 장난감 모양의 지뢰도 있어 아이들이 가지고 놀다가 폭발하기도 한다. 이 지뢰는 곧바로 터지는 일반 지뢰와는 달리 어느 정도 시간이 경과한 후에 폭발해서 더 치명상을 입는다. 살아남아도 평생을 장애인으로 살아가야 하는 그들, 그런 그들을 바라보며 전쟁의 상흔을 계속 되새김질해야 하는 가족과 사회, 국가의 잔인한 운명은 도대체 누구의 책임인가? 금속탐지를 피하기 위해 플라스틱으로 만들기도 한다는데 그걸 연구하고 제작하는 사람은 인간의 탈을 쓴 악마가 아닐까 생각된다.

다행히 일부 서구 국가들과 국제 NGO 등이 대인지뢰가 무고한 민간인의 살상만 유발하고 별다른 전술적 효과가 없다며 전면금지를 주장했고 마침내 대인지뢰 금지협약이 1999년에 발효되었다. 이 국제협약은 지뢰탐지, 제거 및 폐기의 개발을 위한 극히 제한된 양의 대인지뢰 보유 허용 외에 모든 대인지뢰의 사용, 개방, 생산, 비축, 이전을 금지하며 협약 발효 후 4년 이내 비축 대인지뢰 전량을 폐기하고 10년 내에 매설된 대인지뢰를 폐기한다는 내용이 포함되어 있다(이 협약은 가장 성공적인 인도주의적 군축협약 중 하나로 간주되고 있으며 2015년 기준 133개국이 서명하고 162개국이 비

준했다). 하지만 미국, 러시아, 중국 등 주요 강대국들은 여전히 비준하지 않고 있는데 이들은 공교롭게도 세계 상위권을 차지하는 무기 수출국이기도 하다. 한국도 한반도의 특수한 상황으로 인해 협약에 가입하지 않고 있다. 우리도 지뢰밭이 남의 나라 얘기가 아니다. 휴전선 부근의 지뢰밭도 조속히 해결해야 할 과제다. 우리나라 뿐만 아니라 이 지구상에서 대인지뢰가 영원히 퇴출될 수 있도록 다함께 힘을 모아야 할 때이다.

활기를 되찾아가는 재래시장

"파이샤, 파이샤~"

차를 타고 거리로 나서면 가장 먼저 만나는 사람들이 구걸하는 과부와 아이들이다. 차가 잠시라도 멈추면 달려와서 차문을 두드리며 돈을 요구하고 떠날 때까지 달라붙어 안 떨어진다. 어떨 때는 차가 출발하는데도 매달려서 위험해 보이기도 한다. 좀 큰 애들은 더러운 헝겊으로 차를 닦고는 돈을 요구한다.

한국에서 들은 바로는, 아프간에는 매일같이 자살테러범들의 폭탄이 터지고, 미군과의 교전이 곳곳에서 벌어져 살벌하고 긴장된 분위기라고 했다. 지인 한 분은 내게 그저 살아서 돌아오라는 말까지 했다.

막상 와보니 생각만큼 위험하진 않다(물론 테러가 가끔씩 일어나고 있다). 이곳도 평범한 다수의 사람들이 일상을 살아가고 있기 때문이다. 물론 오랜 내전으로 곳곳에 건물이 무너진 채 방치되어 있고 그 무너진 건물 속에서 사람들이 아슬아슬하게 살고 있다. 녹슨 탱크와 장갑차들이 버려져 있고, 온전한 건물이 없을 정도로 벽마다 수도 없이 총탄구멍이 나 있다.

피난 갔던 난민들이 돌아오면서 도시빈민지역은 점점 커지고 있다. 카불 전체가 실업자로 넘쳐나고 과부와 어린애들, 지뢰로 팔이나 다리가 잘린 사람들이 길거리에서 구걸하며 살아간다. 고위층 사람들은 민생은 뒷전이고 권력을 쥐기 위해 서로 신경전을 벌이며 부를 축적한다. 여전히 어느 지역에서 테러로 몇 명이 사망했다는 뉴스가 이어지고, 탈레반 본거지인 칸다하르에서는 구호단체가 계속 철수하고 있다는 우울한 소식도 들린다.

이와는 달리 흑백의 카불이 총천연색으로 하루가 다르게 변모하고 있다. 천막학교나 붕괴되었던 건물은 콘크리트 건물로 변신하고 고층건물들이 여기저기 들어서고 있다. 비포장 길엔 아스팔트가 깔리고 해가 지면 암흑 자체였던 도시가 이제는 밤새도록 환하게 불을 밝히고 있다. 신형 핸드폰과 고급 승용차들이 눈에 띄게 늘고, 사람들의 복장도 세련되어 간다. 물론 외형만 보고 낙관할 수는 없다. 그래도 희망적인 부분도 있다. 파키스탄에 있던 난민들의 숫자가 점점 줄어들고(고국이 안정을 되찾고 있다는 증거다), 학교가 새로 세워지면서 학생들의 숫자가 점점 늘어나고, 부모들의 자녀교육에 대한 관심도 높아지고 있다. 시장도 점점 활기를 띠고 있어 하루가 다르게 다양한 물건들로 풍성하다. Made in China도 쏟아져 들어오고 유엔의 구호물품도 시장에서 흔히 본다. 직원들은 10여 년 만에 처음으로 경제가 살아나고 있다고 좋아한다. 최근에는 작지만 백화점 같은 건물도 몇 개 생겼다. 물론 대외의존도가 높긴 하지만 시장경제 활성화는 많은 긍정적인 의미를 내포하고 있어 아프간의 미래가 결코 어둡지만은 않을 것이라 믿고 싶다.

인생은 계획대로 흘러가지 않는다

아침에 일어나기가 힘들다. 하루 종일 머리가 띵하고 온몸에 힘이 없다. 몸살 같은 증상이 몇 주째 계속되고 있다. 의사 직원한테 증상을 설명하자 잠시 어딘가로 가더니 팔뚝만 한 주사기를 들고 나타난다. 아프간 주사기는 크기가 한국 것의 3배다. 잠시 망설이다 카불대 의대(우리나라 서울대 의대 정도 된다) 출신이라 믿고 팔을 맡겼다. 그런데 핏줄이 잘 안 보인다며 주사바늘로 팔뚝 여기저기를 찔러댄다. 아프지만 꾹 참고 있었더니(나의 장점은 인내심이 많다는 것이다) 잠시 조용하다. 드디어 끝났구나 하고 팔을 쳐다보니 세상에~ 곳곳에 피멍이 퍼렇게 들고 주사기에는 피 몇 방울만 들어있다. '야!!! 돌팔이 아냐?' 그는 정말 마지막이라며 다른 팔에다 또 바늘을 쑤셔댔다. 결국 나머지 팔도 실패하고 인근 병원으로 갔다. 결과는 다음날 나온다고 했다.

오늘 아침 그 돌팔이는 결과 보러 간다며 말라리아 약 한보따리 선물하겠다고 놀린다. 정상으로 나왔으면 어떻게 책임질 거냐고 팔뚝의 흔적들을 보여주니 사탕 한보따리 선물하겠다고 약속한다. '에이, 말라리아 아무나 걸리나? 이제 봉사활동 거의 끝나가는 마당에.' 열심히 엑셀 파일 들여다보며 회계장부 정리하고 있는데 그가 나타났다. 손에는 철썩 같이 믿었던 사탕은 안 보이고 허연 약봉지가 들려 있었다. '헉! 말로만 듣던 말라리아~난 망했다.' 다행히 초기라서 일주일치 약만 먹으면 완전히 낫는다고 위로했다(말라리아 종류가 많아 약 처방도 모두 다르다. 한 달 이상 먹는 경우도 있다).

그 길로 나는 일주일 동안 침대에서 일어나지 못했다. 말라리아 병보다 약이 정말 사람 잡는다. 복용 후 30분이 지나면 심한 두통에 구토, 어지럼증이 나타났다. 덕분에 며칠 동안 비틀거리며 화장실을 들락거려야 했다. 약을 복용할 때는 영양가 있는 음식을 잘 먹어야 몸이 버틸 수 있는데 먹는 족족 게워내니 방법이 없었다. 내 인생에 다시는 안 걸리고 싶은 병이다(누군들 어떤 병이든 걸리고 싶을까마는).

봉사단원과 의사 직원

그나저나 큰일이다. 일주일 안에 완전히 나아야 할 텐데. 친구가 이란에서 내가 오기를 눈이 빠지게 기다리고 있다. 오랫동안 꿈꾸던 세계배낭여행을 드디어 실행에 옮기게 되는 것이다. 지부장님과 주변 분들이 말라리

아는 후유증이 있는 병이라 귀국해서 몸조리 잘해야 한다고, 완전히 낫지 않은 상태에서 더운 지방으로 가는 것은 자살행위와 같다고 다들 난리다. '치, 두고 봐. 씩씩하게 다 돌고 한국으로 건강하게 귀국할 테니. 빨리 털고 일어나야지.' 미지의 세계에 대한 흥분과 설렘, 그리고 말라리아의 통증이 혼합되어 묘하게 내 몸에서 신체반응을 했다(출발 이틀 전 고열과 두통으로 다시 침대신세를 지면서 결국 눈물을 머금고 포기했다. 인생은 결정적인 순간에 계획대로 흘러가지 않는다는 것을 통감하면서).

봉사활동을 끝내며

한국을 떠나올 때 주위의 어른들이 노파심에서 이런 말씀을 하셨다. 한국에도 도와줘야 할 사람들이 많은데 굳이 왜 거기까지 가려는 거냐고. '이성이 모르는 것을 마음은 알고 있다'는 한 철학자의 말이 생각난다. 나는 마음의 소리를 따라 왔고 살았으며 또 떠날 준비를 한다.

사람들이 그곳에 갔다 오면 뭘 할 수 있는지, 미래는 보장되는지를 묻는다. 30대의 젊지 않은 나이에 덜컥 사표 내고는 아프가니스탄으로 훌쩍 떠나니까 무슨 영양가 있는 일이 기다리고 있는 줄 알고 있다. 하지만 1년 해외봉사 경력으로 NGO에 취직이 보장되는 것도 아니고 혹 UN이나 국제기구의 멋진 남자와 눈이 맞아 결혼할 가능성도 없다. 아무런 대책도 없고 숨겨놓은 비장의 카드도 없다.

물론 한때는 여러 가지 계획들을 빽빽하게 적어보기도 했다. 중동, 아프리카, 남미도 가보고 싶고, 자격증도 몇 개 더 따고, 박사과정도 들어가고. 하지만 모두 지워버렸다. 인생은 어차피 내가 계획하고 마음먹은 대로만 되지 않는다. 그래서 빈 공간으로 남겨두기로 했다. 설령 아무런 변화가 없더라도 상관없다. 이곳에서의 경험은 그 무엇과도 비교할 수 없을 정도로 내 인생에 너무나 소중하고 귀한 것이기에.

가끔씩 미래에 대한 불안은 있다. 지독한 취업난에 개인적으로 특별히 잘하는 것도 없다. 그냥 평범하다. 조금 다른 것이 있다면 마음이 젊다. 난 항상 새로운 뭔가에 도전하는 게 너무 즐겁다. 하고 싶고 배우고 싶은 것도 많다. 먼 길을 돌아온 사람만이 아는 비밀을 간직한 듯 그렇게 또 뭔가를 향해 나아갈 것이다.

결코 쉽지 않은 나라에서 1년을 살았다. 가끔 폭탄. 총소리, 사막먼지, 불편한 전기. 인터넷, 석회 섞인 물, 갇혀 지내는 생활 등 익숙지 않은 일에 익숙해지려고 애썼다. 사람은 적응의 명수라고 했다. 어떤 일도 반복하다 보면 익숙해진다.

1년 전과 다름없이 아이들은 여전히 물을 길어 나르고 여인들은 부르카를 쓰고 외출한다. 구걸하는 아이들은 오늘도 똑같은 자리에서 구걸하고, 장애인은 지뢰로 뭉툭해진 발을 들이밀며 돈을 요구한다. 여전히 폭력의 주체는 드러나지 않고 희생자의 모습은 1년 전이나 후나 같다. 하지만 이마저도 역사의 뒤안길에서 잊힐 것이다.

아무리 외쳐도 눈멀고 귀먹은 이 사막은 폭약냄새를 또 풍기려 하고 있다. 이때를 틈타 탈레반의 세력도 거세진다. 전 국민이 전쟁 후유증 속에 폭력과 위험, 살아남기 위한 몸부림에 중독되어 있다. 피의 역사가 되풀이되지 않기를, 이 땅에 다시는 전쟁이 없길 기도한다.

내 첫 해외파견국가 아프가니스탄! 누구나 첫사랑은 잊을 수 없다. 첫

사랑은 머리가 아니라 가슴에 새겨지기 때문이다.

다시 아프간으로

귀국 후 1년 6개월의 시간이 흘렀다.

해외에서 살아보니 내게 부족한 부분과 더 배워야 할 부분이 뭔지 확실히 알았다. 수첩에는 배워야 할 것들을 잔뜩 기록해 놓았었다. 영어, 간호조무사 자격증, 미용사 자격증, 경락 마사지, 요가 등. 귀국 후 바로 영어합숙훈련 프로그램에 등록해서 미숙한 영어향상에 많은 시간을 투자했다. 수지침, 경락마사지도 배웠다(평소 잘 체하고 팔다리가 저리는 편이다). 간호조무사와 미용사는 시간이 걸려 포기했다.

한국에 있는 동안에도 아프간이 그리웠다. 잘 정비된 한국의 도로를 보면서 넓게 펼쳐진 불모지와 먼지 날리는 비포장도로가 생각났고, 대형 마트에 가면 카불의 지저분한 시장이 눈에 아른거렸다. 학원에서 쏟아져 나오는 아이들을 보면서 담벼락 밑에서 공부하는 카불의 아이들이 떠오르고, 높은 부츠에 미니스커트를 입고 걸어가는 여성을 보면 부르카를 입은 여성들이 생각났다.

모든 게 풍성한 나라에서 나는 왜 가난하고 불편한 그곳이 자꾸 생각날까? 언제 다시 가볼 수 있을까? 누가 안 불러주나? 기회를 기다리며 찾고 있었다. 어차피 다시 가게 될 것이란 믿음이 있었기에 급하게 서두를 필요는 없었지만 30대 후반이 되면서 계속 놀고 있자니 주위에 눈치도 보여 나도 모르게 조급해졌다.

드디어 봉사했던 기관에서 연락이 왔다. 그리고 아프간 여성교육문화센터 담당자로 파견되었다. 봉사자의 신분과 직원은 확실히 마음가짐이 다르다. 아무것도 모르고 무작정 떠났을 때와는 달리 무거운 책임감이 느껴진다. 잘 해낼 수 있을까? 막상 떠나려니 두렵다.

두바이에서 아프간으로 들어오는 낡은 국적기 아리아나는 여전히 변함없었다. 달라진 점은 예전에는 지정좌석이 없는 선착순이라 사람들이 먼저 타려고 뛰었는데 이젠 그럴 필요가 없다. 좌석 의자도 삐걱거리지 않고 그럭저럭 괜찮았다. 하지만 기내식을 받기 위해 간이 테이블을 펼쳤더니 삐딱하게 기울어져 버린다. 나사 하나가 빠진 듯하다. 음식을 똑바로 놓을 수가 없다. 남자 승무원이 몇 번 시도를 해보고는 미안한 표정을 짓는다. 괜찮다며 무릎에 놓고 말라빠진 난을 뜯어 먹었다.

건너편에 앉은, 사우디에서 성지순례를 하고 온 듯 보이는 아프간 할아버지가 자기 감자튀김을 내 그릇에 놓아 준다. 무슬림은 일생에 한 번 이상 하지라고 불리는 사우디의 메카 순례를 떠나는 것이 의무다. 카불 공항에서는 평생 모은 돈으로 사우디행 비행기를 타려는 남루한 할아버지들을 흔히 만난다. 할아버지를 향해 '탸샤코르.'(감사합니다)라고 하면서 두 손을 모았다. 드디어 돌아왔다는 실감이 난다.

여성교육문화센터

회색빛 도시 카불은 많이 달라져 있었다. 전기 사정이 나아져 밤에도 도시가 환했고 신축건물들이 많이 들어서있다. 고급 승용차들이 눈에 띄게 많아졌고, 도로사정도 나아져 있다.

며칠 동안 시차, 고도, 물에 적응하고 있는데 여전히 힘들다. 설사며 호흡곤란, 두통이 온다. 아프간이 나를 거부하나? 몇 년 전에 살았었는데 이제 좀 봐주지. 며칠 동안 인수인계 받느라 정신이 없었다.

내가 근무하는 여성교육문화센터는 지역여성들이 안전하고 편리하게 교육 받을 수 있는 여성전용공간이다. 탈레반 통치시절에는 여성들에게 아예 교육을 금했고 지금도 많은 여성들이 교육에서 제외되어 문맹률이 높다. 이 센터는 전임자들의 눈물겨운 노력과 수고 덕분에 세워졌다. 건축부터 부지, 리서치 등 프로그램 만들기까지 그들의 수고가 곳곳에 스며있다. 이곳에서는 영어, 문맹퇴치를 위한 아프간 다리어, 컴퓨터교실, 심리상담, 위생교육을 위한 프로그램을 운영하고 도서관, 영화관도 있다. 특별활동으로 퀼트나 비즈공예도 있다. 아동 놀이방이 있어 여성들이 아이를 맡기고 편하게 수업을 들을 수 있다. 10여 명의 여성스텝과 교사들이 헌신적으로 일하고 있다. 다들 열정적이고 순수하고 또 재밌다. 센터에는 하루 평균 180~200여 명의 여성들이 방문하는데, 10대에서 60대까지 연령대가 다양하다. 신청자를 다 받을 수 없어 대기자가 많다.

며칠 전 아프간 다리어를 배우던 60대 여성이 찾아왔다. 평생 교육을 한 번도 받은 적이 없던 그녀는 문맹퇴치반의 다리어 수업을 받은 후 자기 이름을 적을 수 있어 너무 기뻤다고 한다. 이젠 초등학교 교과서도 읽을 줄 알아 비로소 살아있음을 느낀다고 말했다. 그러면서 노트를 꺼내 읽는다. 무슨 말인지 몰라 직원한테 통역을 부탁했더니 자작시를 낭독하는 거란다. 자신의 삶이 달라진 것을 시로 표현한 것이다. 센터에서 배운 지 10여 개월 만에 엄청난 발전이라 "슈마 우쉬야르(할머니 훌륭하다)!"라며 대단하다고 박수를 쳤다. 눈물이 났다. '이거야. 이거구나. 가치와 보람을 이렇게 느끼는구나.'

아프간 속담에 '콰트라 콰트라 다르야 메샤'라는 말이 있는데, 한 방울 한 방울의 물이 모여 강이 된다는 뜻이다.

한 사람 한 사람이 이 센터를 통해서 꿈을 꾸고 그 꿈을 실현할 수 있기를. 이 여성들이 아프간에서 역량을 발휘할 그날을 기대해본다.

누구나 친구와 형제가 될 수 있는 나라

아프간 속담에 처음 만날 때는 친구가 되고 다음에 만나면 형제가 된다는 말이 있다. 누구나 쉽게 친구가 되고 형제가 될 수 있다는 의미다.

하루는 우리 직원이 자기 친구라며 소개를 했다. 반갑게 인사를 건네니 사무용품 필요한 거 있으면 자기네 가게에서 구입하라며 명함을 내민다. 가고 나서 언제 적 친구냐고 물으니 가게에서 몇 번 만난 사이라고 한다. 그게 친구냐고 했더니 아프간은 한두 번 만나도 친구가 된다고 했다. 온동네방네 사방팔방이 다 네 친구가 되겠다고 했더니 막 웃는다. 조금만 안면이 있어도 친구라고 하는데, 우리가 생각하는 친구의 개념과는 많이 다르다.

며칠 전에도 어떤 직원이 동생이라며 소개를 했다. 친동생인 줄 알고 서로 닮았다며 반갑게 인사했다. 가고 나서 몇 번째 동생이냐고 물었더니 웃으면서 아는 동생이라고 했다. 하기야 아프간 사람들은 우리 지부장님한테도 겨우 두어 번 만났을 뿐인데도 친구라느니 형, 동생이라느니 친한 척하며 인사를 한다.

아프간식 인사는 서로 양쪽 뺨을 번갈아가며 맞대는 것인데 친할수록 여러 번 되풀이한다. 덕분에 남자들은 여러 번 인사하고 나면 수염 때문에 볼이 따가울 정도라고 한다. 나도 학교에 가서 여자선생님들과 안고 뺨을 맞대다 보면 양쪽 볼이 얼얼하다(허구한 날 스킨십을 하다 보니 애정결핍이 사라지는 듯하다).

누구나 친구가 되고 형제가 될 수 있는 나라에서 왜 갈등과 분쟁은 사라지지 않을까? 이렇게까지 서로 뺨을 부비며 친구, 형제라고 하는데 이 정도의 인사법이면 웬만한 미움도 사라질 것 같은데 왜 테러는 끊임없이 일어나고 있을까?

속담처럼 모든 아프간 사람들이 진정한 친구가 되고 형제가 되어 하루빨리 이 땅에 평화가 임하길 기원하며.

가짜 결혼반지

한국에서 결혼반지처럼 생긴 오천 원짜리 반지를 구입했다. 아프간에서는 나이든 싱글여성에게 곱지 않은 시선을 보내고(여성 대부분이 20세 전후로 결혼한다) 남자들이 치근댈 수도 있으니 반지 보여주면서 결혼했다고 말하는 편이 좋겠다는 지부장님의 제안이었다. 그래서 아프간에 오자마자 반지부터 끼고 다녔다. 하루는 아프간 의사와 미팅하는데, 결혼반지를 보더니 묻는다.

"아이가 몇 명이에요?"

헉! 이걸 어쩌나. 반지만 사놓고 미리 사전 연습을 못했다. 잠시 고민하다가 말했다.

"둘이에요."

"아들이에요? 딸이에요?"

"아들 하나 딸 하나예요."

땀이 난다. 원래 임기응변에 서툰데 눈빛을 보니 자꾸 캐물을 것 같다. 빨리 화제를 돌려야겠다.

"의사선생님은 자녀가 몇 명이에요?"

"저는 아들만 3명이에요. 근데…"

그러고는 다시 질문을 퍼붓는다.

"아들이 몇 살이에요? 누구 닮았어요? 공부는 잘해요?"

이것저것 궁금한 게 많은 모양이다.

"남편은 아내 혼자 여기서 일하는 것에 대해 걱정은 안 해요?"

"우리 남편은 내가 어떤 일을 해도 적극 밀어주는 사람이에요."

그때 지부장님이 들어오는 바람에 위기에서 벗어났다.

문제는 그 다음부터다.

몇 달 후에 병원에 갔다가 복도에서 그 의사와 마주쳤다.

"가족들과 통화는 자주 하시죠? 아이들은 잘 지내고 있다 하던가요?"

"아, 네. 잘 지내고 있대요." 그런데 갑자기 기억이 안 난다. 내가 아이가 둘이라고 했던 것 같은데 아들 둘이라 했던가, 딸 둘이라 했던가?

"아이들이 몇 살이죠?"

"으음… 큰애는 열 살이고 으음…작은애는 여섯 살이에요."

"뭐라고요? 그렇게 어린 애들을 놔두고 왔단 말이에요?"

"우리 애들은 독립심이 워낙 강해서 괜찮아요. 그리고 남편이 알아서 잘해요."

"참, 가족사진 좀 보여주세요. 남편이 어떤 분인지 궁금하네요."

"집에 있어요. 다음에 보여드릴게요."

그 다음부터 나는 병원에서 그와 마주칠까 봐 볼 일만 보고는 후다닥 나왔다. 그리고 며칠 동안 남자후배나 예전 사무실 직원들과 찍은 사진, 조카 사진, 친구 딸 사진 등을 열심히 포토샵으로 오리고 붙이고 짜깁기를 하면서 가족사진 비슷한 걸 만들었다. 이럴 줄 알았으면 자녀는 없다고 할 걸!

카불에 부는 바람

아프간에 급격한 변화의 바람이 일고 있다. 그중에서도 여성의 변화 바람은 강렬하다. 부르카를 쓰는 여성들이 확연히 줄었다. 대학에도 여학생이 많이 증가했다고 한다. 시장 상인들은 전부 남자였는데, 여성들도 간혹 눈에 보인다. 여교사들도 점점 늘어나고 장관과 국회의원도 여성이 점점 많아지고 있다.

어느 단체에서는 태권도 사범이 남자인데도 불구하고 태권도를 가르쳐 달라며 엄마가 손수 10대인 딸을 데려왔다고 했다. 딸이 자신처럼 살지 않기를 바란다면서. 며칠 전에는 우리 센터에 20대 여성이 찾아와서 자신은 쿵푸를 잘하는데 이곳에서 가르치면 안 되는지 물었다. 획기적인 변화다.

아프간은 이슬람 근본주의가 강한 곳으로 보수적인 사회분위기와 가부장적 권위 때문에 여성들이 억압당하며 살고 있다. 교육의 배제, 강제결혼뿐 아니라 명예살인도 종종 발생난다. 명예살인은 이슬람권에서 많이 행해지고 있는데, 가족, 부족의 명예를 더럽혔다는 이유로 살해된다. 살인으로 명예를 지킬 수 있다는 명분하에 자행된다. 문제는 그 대상이 대부분 여성이라는 데 있다. 여성이 관습을 어겼을 때 가족 중에 남성이 살해한다. 아버지나 오빠, 남동생이 그 역할을 맡는다. 이유는 여러 가지다. 간통을 저지른 여성, 혼전 성관계를 가진 여성, 부모 허락 없이 남자 사귀는 여성, 강간을 당한 것까지도 여성의 잘못이라며 살인한다. 법적으로는 살인죄로 기소되지만 대부분 곧 풀려난다. 명예를 위해서 어쩔 수 없는 선택이었다며 사회의 동정론이 우세하다.

무슬림들의 주장에 따르면 명예 살인은 코란에는 나와 있지 않으며, 이런 악습은 종교보다는 관습의 문제라고 한다.

며칠 전까지 텔레비전에 나왔던 여성앵커가 어제 명예살인을 당했다. 텔레비전에 나와 얼굴이 많이 팔렸다는 이유 때문이다. 하기야 드라마 목소리 더빙에도 여자역할에 남자성우가 여자 목소리를 흉내 내는 실정이다. 어떤 여성은 오빠보다 월급이 더 많다는 이유로 계단에서 밀쳐져 온몸을 다치기도 하고, 말대꾸하거나 옷을 섹시하게 입었다는 이유로, 핸드폰을 사서 남성과 통화했다는 이유로 코가 잘리거나 온몸에 화상을 입게 되는 경우도 많다. 이런 실정이니, 여성센터에서 아무리 여성을 열심히 가르치면 뭐하나? 남성들이 변화되질 않으니 한계를 느끼게 된다.

하루는 본부 및 병원에서 근무하는 남자직원들을 모아놓고 강의했다. 아프간이 발전하려면 남성들의 의식개혁이 먼저라고. 국제단체에서 일하는 여러분들의 의식이 앞서 나가야 한다며 인권에 대해 고민하면서 명예살인에 절대 동참하지 말고 가족. 친척들을 계몽하라고 했다. 여성이 행복해야 남성도 행복할 수 있는 거 아니냐 했더니 한참 말없이 듣고 있던 남자직원들이 실실 웃으며 말했다.

"우리는 여성을 절대 차별하지 않아요. 오히려 여성들을 떠받들며 살고 있죠. 부인이 무서워서 퇴근시간을 칼같이 지키고 있잖아요."

이걸 확!

시련은 예고없이 한꺼번에 찾아올 때도 있다

지금 한국이다. 아프간에 도착해서 한 달 만에 말라리아에 걸렸다. 예전보다 더 지독했다. 약도 어찌나 독하던지 구토와 현기증으로 며칠을 꼬박 죽은 듯 누워있어야만 했다. 게다가 독한 말라리아 약으로 간이 손상되어 그동안 괜찮았던 담석증의 통증이 재발해 밤에 잠을 잘 수가 없었다. 함께 살던 봉사단원들이 죽을 끓여주고 간호했지만 결국 2개월 만에 귀국했다. 인천공항의 구석진 자리에 앉아 픽업할 본부 직원을 기다렸다. 파견 담당자였던 그는 2개월 만에 말라서 돌아온 나를 보고 충격을 받았다(후에 전해들은 바에 의하면, 그는 쭈그리고 앉아있던 내 모습을 평생 잊지 못할 것이라고 했다).

며칠 후 담석 수술을 받았다. 수술실로 들어서는 그 서늘한 느낌이 아직도 생생하다. 복강경 수술이라 별 문제는 없다는데도 다시 눈을 뜰 수 있을까 긴장되었다. 수술 후 마취에서 깨어나자 의사선생님이 제거한 담석 2개를 조심스레 건네주었다. 냇가에 이끼 긴 돌멩이처럼 보였다. 그리고 간이 말라리아 약으로 손상되어 있으니 회복이 더딜 수 있다며 잘 관리하라 하셨다. 화장실에 갔는데 소변이 나오질 않았다. 소변도 배에 힘이 있어야 나온다는 것을 처음 알았다. 20여 분 만에 겨우 성공했다.

　퇴원 후 면역이 저하되어 웬만한 질병은 다 앓았다. 독감, 피부병, 역류성식도염 등 3개월 동안 스물세 번이나 병원을 들락거렸다. 한약 지으러 가니 한의사가 이렇게 맥이 하나도 안 잡히는 사람 처음 봤다고 했다. 한약 두 재를 먹고, 홍삼, 녹용 등 몸에 좋다는 것은 다 먹어도 회복될 기미가 안 보였다. 그동안 아프간으로 다시 가기 위해 얼마나 많은 시간을 투자하고 노력을 했던가. 힘들게 쌓아온 역량을 제대로 발휘해보지도 못하고 한 달 만에 무너져 내린 것이다. 아프간에 다시 돌아가기는커녕 한국에서 알바도 못 할 정도로 몸이 쇠약해졌다. 자면서 내일 아침에 눈을 뜨지 말았으면 하는 생각도 들었다. 이런 내가 너무 안돼 보였던지 후배가 연차를 내어 동해안 드라이브를 시켜주었다. 영덕 근처의 한 해안도로를 달릴 때쯤 경치가 너무 아름다워 창문을 열고 깊은 숨을 들이마셨다. 살 것 같았다. '그래, 살아야지. 곧 괜찮아질 거야.' 그때 갑자기 뭔가 날아와 내 눈썹에 척 붙었다. 나를 쳐다보던 후배가 놀라 급히 차를 세웠다. 말벌 한 마리가 내 눈썹에 앉았다가 내가 엉겁결에 손을 대려는 순간 침을 쏘았다. 1센티미터 정도 되는 하얀 침이 눈썹에 꽂혔고 벌은 대롱대롱 매달린 채 즉사했다. 근처 약국에 갔더니 얼굴에 쏘이면 무조건 병원에 가야 한단다. 바로 앞에 있는 병원에 가서 의사에게 이렇게 물었다.

"선생님, 말벌에 눈썹을 쏘였어요. 저 죽나요? 아니면 실명은?"

의사가 웃으면서 주사 맞고 약 먹으면 괜찮아진다고 했다. 다음날 이마부터 입술까지 퉁퉁 부어서 며칠 동안 집밖을 나가지도 못했다(덕분에 언제부터인지 상습두통이 없어졌다. 말로만 듣던 벌침 요법이 효과가 있긴 있나 보다. 그렇다면 그 말벌은 시속 60킬로미터로 달리는 차 안으로 날아 들어와 두통에 좋은 혈자리에 정확하게 침을 놔주고 자폭한 것이다!).

이 세상에 이해할 수 있는 고통은 없다

담석 수술 후 4개월 정도 지났을 무렵이었다. 여성센터에서 함께 일했던 봉사단원 민정이가 간염으로 한국에 긴급 후송되었다는 소식을 접했다. 서울대를 졸업한 후 곧바로 아프간으로 왔던 그녀는 또래에 비해 생각이 깊은 친구였고, 직장생활도 안 했는데 경력자처럼 일을 곧잘 했다. 직원들과 친하게 잘 지내고 현지음식도 가리지 않고 잘 먹었다. 자신의 비전에 대해 진지한 고민을 하며 신앙심도 깊은 한마디로 몸과 마음이 건강한 친구였다. 중환자실에서 본 그녀는 퉁퉁했던 몸이 몇 달 사이에 비쩍 마르고 검게 변해 있었다. 동생의 간을 이식하는 수술까지 받아 이제 결과를 기다리고 있었다.

충격적인 그녀의 모습에 며칠간 이불을 뒤집어쓰고 울었다. 나 하나도 성이 안 차서 그 어린 친구까지 병들게 하는 아프간 땅에 분노를 쏟아냈다. 도무지 이해가 되지 않는다. 살면서 이해되지 않는 일들이 가끔 벌어졌지만 지금은 정말 최악이다. 상황을 이해하려고 몸부림을 쳤다. 민정이가 아프간을 얼마나 사랑하고 여성센터와 사람들을 얼마나 헌신적으로 대했는지 하나님은 잘 아실 것이다. 며칠을 끙끙 앓던 나는 뜬금없이 갑자기 이런 생각을 했다.

'지금 여성센터엔 한국스텝이 아무도 없는데 어쩌지? 그녀가 그렇게 애정을 쏟았던 곳인데. 누군가가 계속 이어나가야 하는데 누가 갈 사람이 없을까?' 아무리 생각해도 나밖에 없는것 같다. 빨리회복해서 돌아가는수밖에 없다. 그게 민정이를 위한 유일한 길이란 생각이 들었다.

한 달 뒤, 가방 속에 약봉지와 건강식품을 챙겨 다시 아프간으로 돌아왔다. 연보고서와 내년도 계획을 준비하는 등 한창 분주할 때 우리는 민정이 소식을 전해 들었다. 모두의 간절한 바람을 저버린 채 민정이는 이 세상에서의 삶을 마무리하고 홀연히 하늘나라로 떠났다.

새해가 되었다. 민정이에 대한 슬픔에서 조금씩 안정을 찾을 무렵이었다. 민정이와 함께 봉사단원으로 파견되었던 효진이는 크고 예쁜 눈망울에 깜찍한 외모를 지녔다. 요리도 곧잘 해서 말라리아로 누워있는 내게 직접 음식을 만들어 갖다 주기도 하고 울적해있는 내게 자신은 심리전공자라며 이런저런 얘기로 위로해 주었었다. 민정이가 한국으로 후송된 후 그녀도 여기 일을 정리하고 한국으로 돌아갔다. 잘 지내고 있다고 들었는데 민정이의 죽음이 너무 슬펐던 것일까? 그녀도 심장마비로 하늘나라 여행을 떠났다. 한창 꽃 피울 나이인 20대 초반에 한 달 간격으로 그들은 그렇게 떠났다. 학교 졸업 후 자신의 비전을 제대로 펼쳐보지도 못한 채. 그들의 연이은 죽음은 내 열정과 도전을 꺾어버렸고 우울함은 계속 따라다녔다.

어느날 멘토에게 상담을 받으면서 나는 그들이 비전을 제대로 펼쳐보지도 못한 게 아니라 짧은 기간 동안이지만 그들이 하고싶던 일을 다 잘

하고 갔을 것이란 생각이 들었다.

인간적인 눈으로 보면 삶이 너무 짧아서 슬프고 안타깝지만 기간이 중요한 게 아니다. 숙련된 업무스킬과 노하우, 전문성보다 더 중요한 것은 열정과 순수함, 진정성이다. 그렇다면 그들은 다 이루고 간 것이다. 그 다음은 남은 자의 몫이다.

우리는 이세상을 떠날때까지 진성성을 붙잡고 자신의 몫을 다하고 가면된다. 누구나 고통의 시기를 통과해야 할 때가 있다. 인텐시브 코스처럼 일을 제대로 시작하기도 전에 몰려왔던 이 시기를 통해 나는 내 삶과 깊은 조우를 하면서 부쩍 성장을 한 것 같다.

세상에 이해할 수 있는 고통은 없다. 이해가 안되지만 '왜?'라는 질문을 붙들며 시간을 끌기보다 고통속에서 실낱같은 희망이라도 찾아야한다. 삶에서 일어나는 어떤 일도 의미없는 것이 없다.

'지치거나 무기력해질 때면 너희들 사진을 가만히 들여다보곤 해. 예전엔 슬프게만 보였던 너희 미소 띤 얼굴이 이젠 제대로 웃는 얼굴로 보이네. 거기서 평안히 잘 지내지?'

이후 민정이네 가족은 딸의 숭고한 뜻을 기리고자 민정이의 미래를 위해 모아 두었던 돈을 전부 아프간에 기부하셨다. 그 기부금으로 아프간 여대생들에게 장학금을 매년 지원하여 여성인재 육성에 큰 도움이 되고 있다. 효진이네 가족은 딸의 장례식 비용을 기부하셔서 아프리카 탄자니아의 직업훈련센터를 세우는 데 사용되었다. 이 센터는 청년들의 취업에 많은 기여를 하고 있다. 비록 두 청춘은 떠났으나 그 선한 영향력은 지속적으로 아프간과 탄자니아의 수많은 청춘들에게로 이어지고 있다.

아프간의 서바이벌 겨울나기

카불에 오랜만에 눈이 왔다. 회색빛 도시는 새하얀 눈으로 뒤덮여 신비한 빛을 뿜어내고 있다. 센터 앞마당에서 직원들과 눈사람도 만들었다. 다들 아프간이 더운 줄만 알지 추운 줄은 잘 모른다. 여기도 사계절이 있다. 다만 봄과 가을이 한 달 정도로 짧고 여름과 겨울이 길다. 여름에는 습하지 않아 건물 안에 들어가면 견딜 만한데 겨울은 바깥보다 건물 안이 더 춥다. 한국에서 걸려 본 적이 없는 동상에 걸렸다. 엄지와 새끼발가락이 빨갛다가 이젠 시커멓게 변했다. 따뜻한 난로 가까이에 가면 너무 가렵다. 수지침으로 가끔씩 죽은피를 뽑아낸다. 한국에서 할아버지들이 신는 털고무신이 있으면 좋을 것 같다. 지금 신고 다니는 신발도 군용 물품 파는 곳에서 아주 튼튼한 걸로 구입한 거다.

그래도 예전에 비하면 사정이 나아져 장작난로(우리나라 7, 80년대에 학교 교실에서 사용하던 난로)나 톱밥난로(장작대신 톱밥을 꾹꾹 담아 넣는다), 전기난로와 석유난로 등 선택범위가 넓어졌다. 하지만 전기는 여전히 자주 끊기는 실정이고, 석유난로는 계속 켜면 냄새로 두통이 생겨 가끔 사용한다. 톱밥난로는 장작보다는 오래가지만 그래도 자다가 두어 번 깨서 톱밥을 넣어주어야 한다. 그래도 추워 한국에서는 입지도 않던 두꺼운 내복을 껴입고 수면양말과 장갑, 털모자까지 쓰고 잔다. 추우니까 저녁밥 먹자마자 침대로 쏙 들어가 뜨거운 물을 넣은 고무팩을 안고 잔다. 그러다 보니 잠이 자꾸 많아진다. 자다가 중간에 톱밥을 추가해주지 않는 날은 아침에 일어나면 온몸이 뻣뻣하고 쑤신다. 추워서 잔뜩 움츠리고 자니 몸이 경직될 수밖에.

겨울에는 씻는 게 더 불편해진다. 세수야 찬물에 후다닥 씻으면 되는데 샤워나 머리 감을 때는 전기가 안 들어오면 가스불에 물을 데워서 씻어야 한다. 그래서 겨울에는 잘 안 씻게 된다(ㅋ~ 향수만 자꾸 뿌려댄다). 잘 안 씻는 현지인들의 기름기 흐르는 떡진 머리와 고약한 냄새가 견디기 너무 힘들었는데 내가 점점 그렇게 되어간다. 로컬화, 현지화가 이런 건가?

가난한 사람들은 어떻게 이 기나긴 겨울을 견디고 있을까? 서민들은 대부분 나무난로를 쓴다는데 자다가 몇 번씩 깨어 장작을 추가해주어야 한다. 우리 직원에게 힘들겠다고 했더니 난민 생활을 해본 그는 그게 뭐 고생이냐며 핀잔을 준다. 옛날 우리 부모님 세대들이 자다가 깨어 아궁이에 장작을 넣어 계속 군불을 지폈던 것처럼 그들에게는 이게 일상이다. 그나마 난로가 있는 가정은 양호하다. 그마저도 없이 지내는 저 돌산 위에 빽빽이 들어선 슬럼지역 사람들은 아마 서로의 체온에 의지해서 하루하루 견디고 있지 않을까? 변변한 겨울외투, 내복 하나 없이 말이다.

겨울이 점점 깊어간다. '알라~ 아크바르~(신은 위대하다)' 새벽에 울려 퍼지는 모스크(이슬람 성전)의 아잔 소리가 추위 때문인지 목소리에 삑사리가 자꾸난다. 물라(종교지도자) 아저씨도 많이 추운 모양이다.

삭막한 바위산에도 온기는 있다

본격적인 추위가 시작되었다. 나무를 사서 쪼개고 창문에 비닐을 덮어씌우는 등 다들 월동준비에 한창이다. 눈이 내려 저 멀리 보이는 바위산이 꽤 운치 있게 보인다. 카불의 산에는 나무가 한 그루도 없다. 흙산이 아니라 바위산이다. 풀 한 포기, 나무 한 그루 살 수 없는 벌거숭이 바위산

카불에도, 눈이 내린다. 춥다.. 하아..

이지만 그 대신 사람들이 살고 있다. 도시로 유입된 난민들이 갈 곳이 없어 이곳에다 집을 짓기 시작했다. 처음엔 산 밑자락에 집을 짓고 살기 시작하더니 이제 꼭대기까지 집들이 빼곡히 들어섰다. 바위산에 황토색의 토담집 슬럼가가 형성된 것이다. 바위산이니 길도 낼 수 없고 당연히 차량도 못 들어가므로 걸어서 오르내려야 한다.

그곳에 사는 지인을 방문하러 올라가본 적이 있는데 보기보다 가파르고 바닥이 험해서 다리가 후들거렸다. 산중턱에 있는 집까지 가는 데 숨이 턱에 찰 정도로 헉헉거렸다. 거의 다 와서 돌부리에 발이 차이는 바람에 선물로 산 음료수 병이(1.5리터 페트병 콜라) 비닐봉지에서 빠져나와 데굴데굴 굴러 내려갔다. 경사가 심해서 마치 빛과 같은 속도로 내려갔다. 3초 정도 고민했다. 그냥 포기할 것인지 힘들더라도 내려가서 집어올 것인지. 한국이었으면 포기했을 것이다. 아프간이니까 이 피 같은 음료수를 포기하면 안 될 것 같아 짐을 내려놓고 기다시피 내려왔다. 운 좋게도 콜라 병은 거의 백여 미터 정도 구르다 쓰레기 더미 앞에 멈춰 있었다. 집어서 아기 안듯 감싸안고 다시 가파른 돌산을 백여 미터 올라가면서 후회를 했다. 그냥 포기할걸.

바위산의 사각형 토담집들은 대부분 구조가 비슷비슷하다. 비좁은 방 안의 닳아빠진 카펫 위에 예닐곱 명의 식구들이 모여앉아 있다. 이들은 추운 겨울 서로의 체온에 의지해 하루하루 버티고 있다. 그런데도 삶에 찌들어 어둡고 무기력한 표정이 아니라 다들 밝고 명랑하다. 입에 풀칠하기도 어려운 처지에 차 한 잔 대접하는 것을 잊지 않는다. 가난한 무슬림 가정을 방문하고 돌아올 때면 항상 가슴이 먹먹하고 짠한 마음, 미안함과 따뜻함, 그리고 막중한 책임감이 느껴진다. 삭막한 바위산이지만 그곳에도 사람들이 따뜻한 온기를 지니며 살고 있었다.

피랍사태의 여파

아프간을 방문했던 한국의 한 교회 봉사팀이 칸다하르로 가는 도중 탈레반에 피랍되었다. 대부분이 젊은 남녀로 구성된 23명의 그들은 대형버스를 렌트하여 카불에서 출발한 지 얼마 안 되어 피랍되었다고 전해진다. 등잔 밑이 어둡다고, 우리도 한국 뉴스를 보고 알았다. 탈레반의 본거지인 칸다하르는 아프간에서 위험한 지역 중 한 곳이다. 베테랑 원조 전문가들이나 오랜 기간 살았던 사람도 그곳을 방문할 때는 소수 정예 팀을 꾸려 현지인들과 함께 신중하게 이동한다. 물론 칸다하르에는 테러조직들만 사는 것이 아니라 선량한 사람들도 많다. 여러 원조단체가 그곳에서 활동하여 외국인들도 꽤 거주하는 것으로 알고 있다.

피랍 후 한국여론은 가지 말라는 위험지역에 단기 선교하러 갔다며 피랍된 사람들에 대한 엄청난 비난을 쏟아내고 있었다. 위험지역 단기 선교라는 말에 격앙된 분위기다. 한국교회가 여름방학 때 주로 파견하는 단기 선교 팀은 사실 선교 팀이라기보다 봉사 팀이다(교회는 앞으로 '단기 선교' 팀이 아니라 '봉사' 팀으로 이름을 변경하면 좋겠다). 선교하려면 신학지식은 물론현지 언어와 문화를 알아야 하는데 잠깐 방문했다 떠나는 그들의 활동을사실 선교라고 보기는 어렵고 대부분 봉사활동 수준에 그친다.

현지 선교사의 통역에 의존해서 선교할 수도 있겠지만, 솔직히 그곳에수십 년 거주한 선교사들도 못한 현지인 개종을 단기 선교 팀이 해낸다는게 결코 쉽지 않다. 특히 이슬람 사회에서 무슬림은 개종 시 죽음을 각오해야 하고 가족이나 사회에서 매장 당한다. 많은 선교사들이 이슬람권에가긴 하지만 엄밀히 말해서 선교활동이라기 보다는 컴퓨터나 영어 등 교육활동에 주력하는 편이다. 복음을 전하는 즉시 추방당하는 경우가 많기때문이다.

한국여론은 피랍자들뿐 아니라 기독교에 대한 분노가 극에 치달았다. 심지어 기독교를 개독교로 부르며 매도했다. 솔직히 비난받아 마땅한 부분도 많다. 그동안 개신교는 물신주의, 그들만의 잔치, 건물의 대형화, 가난한 자들에 대한 외면, 언행 불일치, 무대뽀 정신 등으로 사람들을 실망시키고 외면을 받아왔다.

작년에는 모 기독단체가 평화행진을 한다는 구실로 카불에 몰려와서는 모스크에 십자가를 그리고 성가를 부르는 등 비상식적인 행동을 하고떠났다. 그 대가는 고스란히 현지에 살고 있는 한국인들이 지불해야 했는데, 한국인들은 무슬림을 개종시키려 왔다는 반감이 곳곳에 팽배했다(그후 개신교의 이런 공격적이고 무대뽀적인 활동에 대한 비판과 자성의 목소리가 나오고 있다는 얘기도 들렸다).

몇 주가 지나도록 피랍자들은 구출되지 못하고 있고, 그중 두 명의 남성들이 사망했다는 소식이 보도되었다. 한국이고 아프간이고 할 것 없이 온갖 유언비어들이 난무했다. 소문은 실제상황보다 더 리얼하게 우리를 두려움속으로 몰아넣었다. 그들은 무사히 구출될 수 있을까? 우리는 앞으로 어떻게 되는 걸까?

아프가니스탄과 작별을 고하며

결국 아프간이 여행 금지국으로 지정되었다. 한인들은 대사관과 코이카 등을 제외하고는 이 달 안에 모두 철수해야 했다. 그 후 정말 정신없는 나날의 연속이었다. 지부 책임자와 한국본부와 의논하면서 그동안 확장했던 사업을 축소하고 직원들에게 투표로 임시 대표자를 선출하게 하는 등 로컬직원 중심의 조직구조로 재정비했다. 정리해야 할 살림살이와 가재도구를 리스트로 만들어 시중가격을 조사한 후 판매가를 책정했고, 인터내셔널 교회 등에 홍보한 덕분에 다행히 금방 정리가 되었다.

떠나기 며칠 전 교회에서 한인들을 위한 송별회를 마련해 정성어린 식사를 대접해주었다. 돌아가면서 한마디씩 하라는데 눈물이 그치질 않자 사회자가 대신 내 소개를 했다. 외국인 몇 명이 따라 우는 것이 보였다.

오늘은 여성센터 직원들과 마지막 미팅을 하는데 다들 내 얼굴을 똑바로 못 쳐다본다. 눈물 흘리는 이, 이미 울어서 눈이 벌겋게 된 이, 고개 숙이고 아무 말이 없는 이 등 다들 침울한 분위기다. 자기들끼리 돈을 모아서 산 예쁜 목걸이를 선물로 받았다. 나는 리더로서 의연함을 보이려고 감정을 꾹꾹 누르며 마지막으로 말했다.

"여러분들, 힘내세요. 위기처럼 보이지만 여러분들에게는 기회일 수 있어요. 그동안 한국 리더십에 의존했다면 이제부터는 주인의식을 가지고 일하세요. 언젠가는 여러분들이 직접 운영할 계획이었잖아요. 그 시기가 조금 앞당겨졌다고 생각하고 열심히 일해서 아프간 여성들이 더 행복해질 수 있도록 책임을 다하세요."

직원으로 파견된 지 1년 반도 안 되어 이렇게 비자발적으로 떠나게 될 줄은 몰랐다. 짐을 꾸리면서 어떻게 싸야 할지 고민이 되었다. 1년 내에는 다시 돌아올 수 있을까? 못 오면 어떡하지? 이민가방을 꺼내 아끼던 컵이며 그릇, 태양광램프, 전기담요, 겨울의류 등을 담아 싱가포르 친구에게 맡겼다. 1년 안에 안 오면 네가 그냥 쓰라고 하니 걱정 말라며 꼭 다시 올 거라고 한국인을 위해 기도하겠다며 거듭거듭 위로해주었다.

비행기가 이륙하자 회색빛의 도시 카불이 내려다보였다. 땅은 그대로인데 수많은 스토리가 첩첩이 쌓여간다. 이 땅은 다 알고 있다. 비밀을 간직한 채 그냥 침묵하는 것이다.

꾹꾹 눌러놓았던 감정이 더 이상 견디지 못해 터져버렸다.

아프간은 언제 평화가 찾아올까? 수많은 사람들이 애쓰고 있는데도 평화는 점점 멀어져만 간다. 살아있는 동안 이 땅을 다시 밟을 수 있을까?

·
·
·

두 번째 길
천사의 미소를 지닌 캄보디아

두 번째 길
천사의 미소를 지닌 캄보디아

2008. 4 - 2013. 5

| Prologue |

2008년 4월 앙코르와트와 킬링필드의 나라로 알려진 캄보디아에 파견되었다. 내가 맡은 업무는 지부장을 보좌하여 사업 전반을 관리하는 것이었다. 태국 국경에 위치한 시골 사업장에서 무료 어린이집을 운영하고, 우물을 개발하고 정수기를 지원하여 수인성질환 예방, 주거가 불량한 가구는 지역주민들과 함께 리모델링하여 주거안정화, 소득증대를 위한 염소은행, 아동 스폰서십 등 지역개발 업무전반을 관리하였다. 2년 후 지부책임자가 되면서 사업장을 수도 프놈펜과 바탐방 지역으로 확대하였다. 주민들과 함께 다양한 소득증대 프로그램을 연구하고 실험하는 시간을 많이 가졌다. 캄보디아는 킬링필드 때 지식인층이 처형당해 아이나 어른 할 것 없이 지식에 목말라 있어 작은 가르침에도 빨리 받아들였다. 교육, 훈련의 효과가 가장 높았던 이 크메르인들은 아이나 어른 할 것 없이 눈만 마주치면 미소 짓는다. 처음 도착했을 때 만났던 그 미소는 5년간 변함없이 따라다녀 마음을 따뜻하게 했다. 미소천사들~

노마드의 삶

23kg의 가방 2개에다 7kg의 기내용 캐리어 하나.

항공사마다 수화물 허용 범위가 조금씩 다르지만 일반적으로 이렇다. 물론 비용을 더 치르면 초과할 수도 있지만 가능하면 허용된 무게 안에서 짐을 꾸린다. 내 인생의 무게라고 생각하며 욕심내지 않고 가볍게 하지만 꼼꼼히 싸려고 한다.

이젠 짐 싸는 데 노하우가 제법 생겼다. 가능하면 부피가 작고 무게가 덜 나가는 물건 위주로 구입하고, 깨질 물건은 옷으로 돌돌 말아 넣는다. 포장지는 다 제거하고 컵 속에도 뭔가 쑤셔 넣고 가방의 틈새를 꼼꼼히 채운다. 옷이나 수건 종류는 압축포장해서 부피를 최대한 줄인다. 현지에서 구입할 수 있는 것은 과감히 포기하고 다용도로 쓰일 물건들 위주로 구입한다. 액체 종류나 고추장 등 소스 종류는 쏟아지지 않게 랩으로 단단히 싸서 작은 박스 안에 집어넣고 뽁뽁이나 수건, 옷 등을 넣어 흔들림이 없게 한다. 냉동식품은 미리 냉동고에 며칠 얼려두고 출발 전 아이스백에 담으면 상하지 않는다. 반찬종류는 비닐에 넣은 후 통에 담으면 샐 염려가 없다(통에 담아 비닐로 싸면 샐 수 있다). 가는 도중 가방에서 음식 냄새가 날 수도 있으므로 작은 방향제를 가방에 넣어둔다.

항상 빠지지 않고 챙기는 몇 가지 물품이 있다.

매실청 : 소화 안 될 때 따뜻한 물에 매실청 몇 스푼을 타서 마시면 소화제 역할을 한다. 배탈 났을 때도 효과가 좋다.

보리차 : 열이 났을 때 끓여 마시면 열 내리는 효과가 있다.

도라지차 : 기침이나 기관지염에 도움이 된다.

글리세린 : 화장품이 떨어졌을 때 레몬을 넣어서 스킨 대용으로 사용하면 미
　　　　백과 보습에 좋다.
바셀린 로션 : 발뒤꿈치가 갈라질 때 또는 아이크림 대용으로 바른다.
알로에 : 햇빛 강한 나라에서는 피부보호에 좋다.
죽염 : 먼지가 많은 나라에서는 코와 입안 청소에 사용한다.
EM 파우더: 소독과 탈취에 좋다. 환경에 좋은 미생물로 EM 파우더를 쌀뜨물
　　　　에 발효시키면 훌륭한 소독제와 탈취제가 된다. 화장실과 싱크대
　　　　소독할 때나 냉장고 청소할 때 좋다. 베이킹 파우더도 같은 효과
　　　　를 볼 수 있다.
식염수 : 안구 소독뿐만 아니라 피부가 가려울 때 화장솜에 적셔 바르면 효과
　　　　있다.
속옷: 항상 넉넉하게 챙긴다. 현지에서는 수질이 좋지 않고 햇빛이 강해 쉽게 늘
　　　　어날 수 있다. 현지에서 파는 것은 사이즈가 맞지 않거나 질이 떨어진다.
향수 : 한국인 특유의 냄새가 나기 때문에 사람들 많이 모이는 곳에서는 살짝
　　　　뿌려준다.

　　해외에서는 아프면 참 서럽다. 한국의 사계절에 적응된 우리 몸은 현
지에서 쉽게 질병에 노출된다. 장기거주자들치고 한 가지 이상 질병이 없
는 사람이 없다. 스스로 건강을 잘 챙겨야 한다. 그래서 시간 날 때마다 인
터넷으로 민간요법도 들여다보고 연구한다. 수지침, 경락마사지, 한약재,
건강보조 식품도 열심히 테스트해서 자기한테 맞는 방법을 찾아야 한다.
국제 활동가는 노마드의 삶이라 3년 혹은 길어도 5년이 지나면 이동하는
경우가 많다.

　　가끔은 한 곳에 정착하여 살고 싶을 때도 있다. 큰 책장을 구입해서 책
으로 한쪽 벽을 도배하고 싶고, 텃밭에서 채소도 길러보고 싶다. 항상 구
경만 하게 되는 예쁜 사기그릇이나 유리잔도. 언젠가는 이 노마드의 삶이
끝나겠지? 그때 마음껏 해봐야지.

너무나 '핫'한 나라

출발 전 나의 캄보디아에 대한 사전 지식은 영화 킬링필드(공산당 크메르 루즈가 4년 동안 8백만 명의 지식인과 부유층을 처형한 사건을 다룬 영화)와 앙코르와트 관광으로 유명하다는 것이 전부였다. 보통은 파견 국가가 결정되면 출발 전에 관련된 책이나 영화, 다큐, 언어 등을 보면서 정치, 역사, 문화, 환경 등을 분석한다. 그런데 급하게 파견되어 준비를 제대로 못하고 온 것이다. 캄보디아 사람들은 영어도 잘 못한다는데 앞으로 그 어렵다는 현지 크메르어(글자가 어려워 3년을 배워도 초등학교 교과서를 겨우 읽는다고 한다)도 배워야 하고 사업장이 시골지역이라 물자공급도 신경 써야 하는 등 여러 가지 걱정이 앞섰다. 이 모든 고민을 한 방에 날리는 게 있었으니…

캄보디아 공항에 내리자마자 숨이 턱 막혔다. 사우나에 들어온 것처럼 땀이 줄줄 흘러 티셔츠는 금방 땀에 절었다. 사람들에게 왜 이렇게 덥냐고 물으니 4월은 캄보디아에서 가장 더운 달이란다. 정보에 의하면 평균기온이 보통 30도에서 35도 사이라고 해서 대구가 고향(대프리카라고 불린다)이라 대충 비슷하겠지 단순하게 생각했다. 아프간도 덥긴 하지만 건조하고 햇빛이 강해 건물 안에 있으면 견딜 만한데 이곳의 고온다습한 날씨는 안팎이 다 덥다(습한 날씨는 불쾌지수를 높이고 아무것도 아닌 일에도 짜증이 나게 만든다).

숙소에 들어서자마자 에어컨부터 켜고 침대에 뻗어버렸다.

'와~ 이건 인간이 살 수 있는 기온이 아니야. 망했어. 앞으로 어떻게 살아가지? 왜 하필 캄보디아야?' 새로운 업무에 대한 고민은 저리 가고 더운 날씨가 더 무서웠다. 그렇다고 나보다 열흘 먼저 들어온 봉사단원들 앞에서 죽는 소리 할 수도 없는 노릇이다. 대학을 갓 졸업했거나 대학생인 3명의 파릇파릇한 봉사단원들이 맑고 초롱초롱한 눈망울로 유심히 날 관찰하고 있었다. 젊은 그들은 더위에 적응되었는지 별 힘든 내색을 안 한다. 나이 들면 더위, 추위 모두 약해진다더니 불혹의 나이에 들어서니 몸과 마음이 예전 같지 않다.

더위를 먹었는지 내내 축 늘어져 있다가 도착한 지 일주일 만에 정신 차리고 각오를 다졌다.

'여기도 사람 사는 곳이지 않은가? 개발도상국 중 날씨 좋은 나라가 몇이나 되겠어? 더위 하나도 이겨내지 못하면서 지역주민들을 위해 일하겠다고? 제발 정신 좀 차리자. 차라리 잘되었지 뭐야. 가장 더운 때 왔으니 이제 웬만한 더위는 다 이겨낼 수 있을 거야.'

그래서 결심했다. 앞으로는 자기 전에 에어컨을 1시간만 켜고(잠을 못이룰 정도로 덥다) 선풍기만으로 버티기로. 에어컨에 길들여지면 마을에 갈 생각이 사라질 것이고 필드에 가더라도 빨리 사무실에 들어오고 싶을 것이다. 더위는 가능하면 빨리 적응하는 것이 좋다. 이열치열이라고 더위는 더위로 이긴다는 어른들의 말씀도 있지 않은가. 에어컨 의존증에서 하루라도 빨리 탈출하자!

한류 열풍의 캄보디아

한 달을 그렇게 버티자 신기하게도 더위에 조금씩 적응되기 시작했다. 물론 덥고 땀도 많이 흘리지만 더위 먹을 때 나타나는 증상은 사라졌다. 코코넛이 갈증 해결에 도움이 되었다. 코코넛은 열을 내리게 하고 배탈 났을 때도 효과가 있다. 더위에는 적응이 되었지만 캄보디아라는 나라에는 이상하게 적응이 잘 안 된다. 캄보디아 언어를 배우고 있는데 글자도 라면 부스러기같이 생겼고, 말도 통통 튀는 게 정이 안 간다. 캄보디아는 아프간에 비하면 상대적으로 환경이 낫다. 회색빛 아프간에 비해 우기가 길어서인지 어디를 가나 밝은 초록빛깔이다. 사람들도 밝고 친절하다. 사람들의 영양상태가 안 좋긴 해도 아프간처럼 열악하지 않다. 오지 국가, 남들이 잘 가지 않는 국가가 내 적성에 맞는데, 캄보디아는 어딜 가나 한국 사람들로 북적인다.

몇 개월이 지나도, 크메르어를 배워도 캄보디아에 대한 마음이 열리지 않아 내가 가야 할 곳이 여기가 아닌데 잘못 온 건지도 모르겠단 생각까지 들었다. 하는 수 없이 몇몇 지인들에게 조언을 구하는 편지를 보냈다. 며칠 후 그들이 보낸 메일을 읽으면서 깊이 반성하게 되었다. 아직 아프가니스탄이 마음속에서 정리가 안 된 것이다. 10년 정도는 살 것으로 생각했던 곳에서 2년도 채 안 되어 떠나왔으니 미련과 집착을 아직도 놓지 못하고 있었다. 몸은 캄보디아 땅에 있으면서. 나에게 허락된 새로운 장소와 직원들, 새로운 프로젝트가 있는데 이를 외면하고 과거에만 집착하고 있으니 앞으로 나갈 수가 없는 것이다. 정신이 번쩍 들었다. 내가 발 딛고 서 있는 이곳이 내가 살아가야 할 이유다. 그렇게 정리하고 나니 이젠 이 사람들이 그렇게 사랑스러울 수가 없다. 눈이 예쁘고 몸집도 다들 아담하고 또 친절하다. 특히 두 손을 가지런히 모으고 인사하는 모습이 그렇게 예쁠 수가 없다.

며칠 전에는 누가 초인종을 마구 눌렀다. 직원이 나가 보고는 날 만나

러 누가 찾아왔다고 말했다. 들어오라고 하자 파릇파릇한 10대 여학생들이 두 손을 가지런히 모으고 인사를 했다.

"찾아온 이유가 뭐야?"

"한국어 배우고 싶어요."

"왜 배우고 싶은데?"

"한국 드라마 보니까 남자들이 너무 잘생겼고 친절해서 한국남자랑 결혼해서 한국에서 살고 싶어요."

"음~ 드라마와 정반대인 사람들이 많아. 드라마 믿지 말고 한국남자 조심해."

농담인 줄 알고 까르르 웃는다.

"난 캄보디아 남자들이 더 좋던데. 화 잘 안 내고 착하고."

"아니에요, 한국 남자들이 더 착해요."

"너희들이 드라마만 봐서 그래. 실제는 안 그래. 영어공부나 빡세게 해서 대학에 들어가."

요즘 캄보디아에는 한국 드라마가 붐을 일으키고 있다. 한류 열풍의 직격탄을 맞은 곳이라 해도 과언이 아니다. 이웃에 사는 아이는 한 달 전에 나온 케이팝 노래에 맞춰 아이돌 멤버와 똑같이 춤을 춘다. 한국 가전제품, 핸드폰뿐만 아니라 화장품, 헤어스타일 등도 대유행이다. 특히 여성들은 찰랑찰랑 거리는 매직 스트레이트파마에 꽂혔다. 그곳 한 달 치 월급(시골 교사 월급이 한 달에 오만 원 정도다)에 해당하는 돈을 선뜻 내고 그 머리를 하고 있다. 가난한 시골지역에서 말이다.

누구나 한번은 경험하는 도둑 이야기

나와 봉사단원들이 살고 있는 주택은 3층 건물로 1층에는 식당과 차량 파킹하는 공간이 있고 2층은 숙소, 3층은 사무실 공간으로 사용하고 있다. 퇴근 후에는 1층에서 다 함께 식사를(돌아가면서 식사당빈을 징한다) 한 후 각자 방에서 휴식을 취한다. 식당 문 뒤편엔 작은 공간이 있어 빨래를 널기도 하고 박스나 당장 쓰지 않는 물건들을 쌓아두는 창고로 쓰인다. 그 주변에는 외부 사람이 들어오지 못하게 촘촘한 철조망 울타리가 쳐져 있다.

오늘 아침에 일어나니 웅성거리는 소리가 들렸다. 1층으로 내려가자 우리 단원이 도둑이 든 것 같다고 했다. 철조망 울타리 한쪽이 벌어져 있는 걸 보니 그 틈으로 들어온 것 같았다. 벌어진 철조망은 다 큰 어른이 들어올 만한 크기는 아니다. 어린애들이 한 짓인지 어른과 같이 한 것인지 모르겠다. 널어둔 빨래와 쌀자루가 없어졌다. 내가 아끼던 바지 몇 벌도 없어졌다. 옷이 없어진 것은 그렇다 치고 50kg 쌀자루가 없어진 게 미스터리다. 철조망 밖에 빈 쌀자루를 받쳐놓고 조금씩 부어갔나? 아무튼 큰돈 되는 물건들이 아니어서 다행이긴 하다. 보수공사를 해서 철조망을 다시 겹겹이 쳤는데도 안심이 안 된다. 도둑이 한번 들고 나면 후유증이 뒤따른다. 불안감이 따르고 자꾸 가까이에 있는 사람들을 한 사람 한 사람 떠올리며 의심하게 된다. 직원에게 도둑 든 얘기를 했더니 별로 놀라지도 않고 당신들은 부자니까 가난한 캄보디아 사람에게 후원한 셈 치라며 대수롭지 않게 툭 던진다. 그렇게 얘기하는 그 직원까지도 의심스럽다.

캄보디아에는 좀도둑이 많으니 주의하라는 얘기를 많이 들었다. 외국인들 누구나 한 번은 바깥에서든 집 내부에서든 그런 경험을 가지고 있다.

남의 얘기인 줄 알았다가 오늘 제대로 당했다.

얼마 전 봉사활동을 마치고 떠나는 단원이 들려준 얘기가 있다. 지금 이곳이 아닌 다른 주택에 살 때였는데, 아침에 일어나니 바깥이 너무 훤하더란다. 이상한 느낌이 들어 나가봤더니 밤새 도둑들이 대문을 뜯어간 것이었다. 철대문은 높은 가격에 팔 수 있으니 아마도 수입이 짭짤했을 것이다. 하기야 식수사업으로 며칠씩 걸려 우물을 파서 마침내 식수펌프를 설치하고 나면 다음날 그 펌프까지 뜯어갔다. 그래서 다음부턴 잠금장치까지 달아야 했다.

북적거리는 시장에서 핸드폰을 날치기 당하는 것은 기본이고, 단기 봉사 팀도 시장에서 카메라를 어깨에 메고 다니다가 날치기 당하기도 했다. 목걸이와 귀걸이도 주의 대상이다. 목걸이야 낚아채도 그나마 덜 다치는데 귀걸이를 확 잡아당겨 채가면 꼭 피를 보게 된다. 오토바이를 탄 도둑들도 많다. 지나가다가 가방을 낚아채 가는데, 그럴 땐 그냥 내줘야지 끝까지 가방에 매달리다 팔이 부러지는 사고도 번번이 발생한다. 그래서 걸을 땐 길가로 다니지 않으려고 신경 쓰고 가방도 앞쪽으로 매고 다닌다. 날치기 당하는 것보다 더 견디기 어려운 것은 등 뒤에서 칼을 들이대고 돈을 뺏는 경우다. 돈이야 뺏겨도 그만이지만 섬뜩한 그 칼날의 느낌은 후유증을 낳는다고 한다. 주방의 칼이나 과일 깎는 칼을 볼 때마다 공포를 느끼게 된다니 말이다.

이참에 봉사단원들에게 현금이나 귀중품을 잘 보관하라고 일러두었다. 견물생심이라고 자꾸 보면 가난한 사람들은 유혹을 받게 된다. 잃어버렸을 땐 주위사람을 의심하지 말고 잃어버린 본인의 책임이라 생각하고 빨리 털어버려야 한다. 한번 의심하기 시작하면 신뢰를 잃어버리게 되어 함께 일할 수가 없다. 잃어버린 물건 때문에 사람까지 잃을 수는 없다.

언제나 늘 고민하게 되는 리더의 역할

이곳에서 나의 직함은 지부장이다. 지부장의 역할은 직원들이 최대한 역량을 발휘할 수 있게 적절한 곳에 책임과 권한을 나누고 부여하며, 문제가 생길 경우 책임을 지는 것이다. 리더는 리더만이 할 수 있는 일을 하면 된다. 하나부터 열까지 직접 다 하려고 하면 일도 진행되지 않을 뿐더러 쉽게 지치게 된다. 이걸 깨닫기까지 오래 걸렸다. 리더십에 대한 이해가 부족했기 때문이다.

그동안 필드에 나가서 일일이 가정방문도 하고, 어린이집에 가서 아이들과 놀기도 하고 학부모들 면담도 했다. 가축 키우는 것도 같이 하고 아픈 애들 간호도 했다. 봉사 팀이 오면 직접 장을 봐와서 식사를 대접하고 미숙한 현지어로 통역도 했다.

내가 문서작업 등 행정업무를 그다지 좋아하지 않은데다(전직 공무원 출신이라 지겹게 해봤다) 필드에서 직접 뛰는 게 몸은 힘들지만 생생하게 살아있는 경험들을 할 수 있어서 마음이 뿌듯했다. 그동안 내가 머릿속으로 그려왔던 일들이었으니까. 물론 지부장이 가끔은 이런 일들도 나서서 직접 할 필요가 있지만 어느 순간 내가 잘못하고 있다는 것을 깨달았다. 옆에서 지켜봤으니 직원들이 내가 하는 것처럼 하지 않을까 내심 기대했지만 그건 내 착각이었다.

예를 들어, 단기 봉사 팀 점심식사를 준비할 때 내가 테이블과 의자를 세팅하고 있으면 와서 함께 할 생각은 안 하고 주위에 빙 둘러서서 구경하고 있다든지, 염소은행 운영 중에 어느 집에서 키우는 염소가 뱀에 물려 죽었는데 그 염소를 어떻게 처리해야 할지 몰라 그냥 방치하고 있는 등(지역주민들도 직원과 의논하기보다 나와 직접 대면을 원했다) 어느 것 하나도 스스로 알아서 하지 못했다. 직원들의 이런 모습은 리더의 책임이다. 뭔가 대책마련이 필요하다.

며칠 후 직원들을 재교육하고 권한과 책임을 부여했다. 그리고 나는 앞으로 꼭 필요한 일이 아니면 필드에 나가지 않을 거라고 말했다. 지역담당자를 정해 그 지역을 관리감독하게 하고 나는 대외관계나 직원훈련, 모니터링과 평가 위주로 업무를 한정했다. 사실 내 주요업무는 정부 NGO 담당부서나 업무 관련 서에 불려 다니며 보고서 관련 입씨름하는 일, 이민국과 어떻게든 친해지려고 무진장 애를 써야 하는 일, 약속을 펑크 내놓고 전혀 죄의식을 못 느끼는 공무원들을 노련하게 잘 구슬리는 일, 좀 더 양심적인 변호사 찾아내어 이들을 어떻게 효과적으로 잘 써먹을지 연구하는 일 등이다.

직원들이 적응하는 데는 시간이 걸릴 것이다. 직원들은 대졸자가 대부분인데도 기초적인 지식과 기술이 많이 부족하다. 시골지역이어서 역량이 낮은 부분도 있고 그동안 크메르 루즈로 인해 지식층이 무너졌으니 제대로 된 교육을 초등학교 때부터 받지 못한 이유도 있을 것이다. 초등학교를 졸업해도 글자를 쓰고 읽지 못하는 아이들이 있다고 할 정도니. 현지 직원들은 한국에서 봉사단원으로 온 친구들과 비교할 수 없을 정도로 엄청난 차이를 보인다. 가끔은 중학생을 가르치고 있는 듯한 느낌이 들

때도 있다.

솔직히 지켜보고만 있으니 많이 답답하다. 그래도 도 닦는 심정으로 기다려야 한다. 그들만의 성장 속도가 있을 테니까. 디테일에 강한 나의 장점은 동시에 단점이기도 하다. 그들이 그동안 많이 힘들었을 것이다.

근데 도대체 그들의 워드 작업 독수리 타법은 언제쯤 졸업할 수 있을까? 한 페이지 작성하는 데 거의 하루가 걸린다. 어제 받기로 한 보고서는 감감무소식이다. 아무래도 오늘도 받기는 틀렸다.

그들이 바라본 한국인

하루는 궁금해서 직원들에게 물어봤다. 그동안 한국인과 일해 온 그들이 생각하는 한국인의 장단점이 뭔지 궁금했다.

"장점은 일을 엄청 빠르게 해요. 그리고 똑똑하고 아는 게 많아요. 배울 점이 많은 거 같아요."

"그럼 단점은?"

선뜻 말하지 못하고 머뭇거린다. 캄보디아인들은 남의 흉을 잘 안 보고 타인의 단점을 잘 말하지 않는다. 가끔 고자질도 좀 하면 좋으련만.

그뿐 아니라 자신의 실수나 잘못에 대해서도 절대 사과를 하지 않는다. 내가 직원들을 꾸중하면 'I am sorry'라는 말을 거의 들어보지 못했다(크메르 루즈 때 자신의 잘못을 인정하면 곧바로 처형했다고 한다).

단점을 다그치니 눈치 보면서 조심스럽게 얘기한다.

"다 좋은데 한 가지 말하자면, 한국인은 대체로 성격이 급하고 짜증을 잘 내는 것 같아요."

누구나 공감하는 평가다. 좁은 땅덩어리에 살아서인지 한국인은 빠르고 민첩하다. 원래 동작이 빠른데도, 세계 최대 속도인 인터넷을 사용하면서도 '빨리빨리'를 입에 달고 산다. 우리 직원들도 가장 먼저 배우는 단어 중 하나가 '빨리빨리'다. 뭐든 급하게 처리하니 기다림에 익숙하지 못하다. 조금이라도 길어지면 짜증을 낸다. 비교적 빠른 엘리베이터인데도 조금만 늦으면 짜증이 나고 버스나 지하철도 10분 이상 기다리면 도착한 운전기사를 째려본다. 마트나 가게에서 직원이 조금만 늦게 처리해도 기분이 상한다. 빠른 속도에 길들여진다는 것은 항상 좋은 것만은 아니다.

캄보디아 사무실 인터넷은 메일 하나 여는 데 1분 이상 걸린다. 이마저도 우기에는 인터넷이 연결 안 될 때가 많다. 그래도 다행이다. 작년까지 인터넷이 없어 선풍기만 돌아가는 무더운 시장 안 인터넷 카페에 노트북을 가져가서 땀 뻘뻘 흘리며 작업하기도 했다. 1시간 동안 메일 3개 확인하고 올 때가 대부분이었다. 그나마 이런 느려터진 인터넷이라도 있는 게 감사하다.

나는 여기서 그동안 우리 로컬 직원들이 화내는 것을 거의 못 본 것 같다. 직원들끼리도 잘 다투지 않는다. 다이나믹한 걸 보고 싶어 회의 때 논쟁을 붙여놓아도 마찬가지여서 나로서는 좀 재미없기도 하다.

아무튼 직원들이 한국인을 이렇게 평가했으니 앞으로 짜증내지 않고 감정을 잘 다스려야겠다.

'더워서 그런가? 너무 습하고 더워서~'

'에이~ 원래 그러면서.'

교통사고 현장에서

교통사고 1 - 이해 안 되는 구경꾼들

출장 다니다 보면 교통사고 현장을 자주 목격한다. 캄보디아는 주요 교통수단이 오토바이여서 무엇보다 오토바이 사고가 빈번히 일어난다. 처음엔 사람들이 모여 있어 무슨 구경났나 하고 들여다보니 부서진 오토바이와 누군가 부상을 입고 쓰러져 있었다. 그런데 정말 이해가 안 되는 것은 사람들이 다친 이를 도와줄 생각은 않고 핸드폰으로 사진을 찍어대거나 빙 둘러서서 구경만 하는 것이었다. 앰뷸런스가 올 때까지 다친 사람은 방치된 채 고통을 참아야 했다. 한번은 내가 도와주려고 했더니 직원이 안 된다며 말렸다. 예전에 한 외국인이 응급조치를 해줬다가 모든 치료비를 물어야 했단다. 잘못 처치해줬다는 구실을 내세워 가난한 사람들은 상대적으로 부유한 외국인에게 덤터기를 씌웠던 것이다. 그럼 캄보디아인은 왜 다친 사람에게 응급조치조차 안 하냐고 얼마나 많은 사람을 살릴 수 있는데 왜 가만히 있냐고 흥분했더니 가족이나 친구 등 가까운 사이가 아니면 안 한다고 했다. 잘못 처치했을 경우 더 심각할 수도 있고 또 가해자로 몰릴 수도 있다고 했다.

또 한 가지 이해 안 되는 것은 핸드폰으로 다친 사람 사진을 찍거나 동영상 촬영하는 것이다. 페이스북 친구 맺은 캄보디아인들이 교통사고 현장의 사진이나 동영상을 올리는데 신체 부위가 절단된 것이라든지 얼굴 형체가 알아볼 수 없을 정도로 다친 자극적이고 끔찍한 장면들이었다(그런 친구들은 페친을 잘라 버렸다). 외국생활 경험이 있는 우리 매니저도 그렇게 올려서 한번만 더 올리면 페친 잘라 버리겠다고 협박 아닌 협박을 했다. 한국인은 그렇게 하지 않는다며 피해자의 권리를 생각해야지 네가 그렇게 다쳤을 경우 사진을 찍어대면 좋겠냐고 했더니 그게 왜 이상하냐는 듯 날 쳐다보았다. 사진을 찍거나 동영상을 촬영하는 것은 사고현장을 제대로 보존하는 좋은 방법이고, 페북에 올리는 것은 피해자 사진이나 영상을 통해 가족들이나 지인들에게 빨리 알릴 수 있는 방법이라고 했다. 어떻게 이해해야 좋을지 모르겠다. 문화는 이해하는 것이 아니라 받아들이는 것이라고 했는데 이것도 받아들여야 하나?

교통사고 2 – 억울한 외국인 가해자들

캄보디아에서는 지부 차량이 있어도 웬만해선 운전을 안 한다. 든든한 베테랑 운전기사가 있기도 하고 주말에는 툭툭이(뒤에 마차를 매단 오토바이)나 모또(오토바이 택시)를 타고 다니니 크게 불편한 줄 모르겠다. 사실 지부차량이 승합차나 픽업차여서 익숙지 못한 부분도 있지만 워낙 교통사고를 많이 목격했고, 외국인 운전자에 대한 악명 높은 교통경찰관의 시비와 삥뜯기, 외국인이 교통사고를 냈을 경우 부당한 처리방법들때문에 운전할 마음이 싹 달아났다(사실 한국에서 몇 차례 교통사고 경험이 있어 교통이 복잡한 시내 운전에 대한 트라우마가 있다). 외국인이 교통사고를 냈을 경우 잘못이 있건 없건 책임을 피할 수 없다. 상대방이 백퍼센트 잘못을 해도 외국인이 다 물어줘야 할 경우가 많아 운전하는 외국인들은 한두 번씩 억울한 경험을 한 적이 있다.

우리끼리 하는 얘기로 다 때려치우고 한국에 돌아가고 싶은 3가지 경험이 있다. 교통사고 때의 억울함, 가족이 아파도 적절한 치료를 받지 못할 때, 그리고 신뢰한 현지인이 배신했을 때. 거기다 나는 한 가지를 더 추가하고 싶다. 친했던 한국인과의 관계가 깨졌을 때!

한번은 친한 한국인이 교통사고를 냈다. 오토바이가 갑자기 끼어들어 미처 방어운전을 못해 부딪힌 것이다. 오토바이에 탄 사람이 넘어지면서 팔이 부러지는 사고를 당했다. 같이 탑승했던 현지인이 자기가 수습할 테니 빨리 떠나라고 해서 택시타고 먼저 현장을 빠져나갔다. 안 그러면 외국인은 현지인들에게 돌에 맞을 수 있고 더 복잡한 상황으로 빠져들 수 있다고 한다. 다행히 잘 수습되어 보험처리와 약간의 보상 선에서 마무리되었다. 이런 경험을 한 운전자들은 당분간 핸들 잡기가 두려워진다며 이곳에서는 무엇보다 방어운전에 주의해야 한다고 했다. 이러니 캄보디아 운전면허증만 계속 갱신하고 운전할 엄두가 나질 않는다. 가까운 거리는 세상 편리한 툭툭이가 있는데 뭐.

캄보디아 시골 화장실

배탈이 잘 안 나는 체질인데도 캄보디아에서는 조금만 과식하거나 길거리 음식을 먹으면 꼭 탈이 난다. 목이 말라 길거리에서 즉석에서 만든 주스를 마셨더니 증상이 금방 온다. 일부러 얼음을 빼달라고 했는데도. 레스토랑에서 주는 얼음은 그나마 괜찮은데 길거리에서 주는 잘게 부서진 얼음만 먹으면 금방 탈이 나서 그 다음부턴 항상 빼고 먹었다.

결연 아동 가정을 방문할 때였다. 갑자기 배가 아파 화장실이 어디냐고 물었다. 집주인이 웃으면서 머쓱해했다. 직원이 차에 타라고 하더니 근처 면사무소로 안내했다.

시골지역을 방문하면 화장실이 없는 가정이 대부분이다. 다들 어떻게 해결하는지 물어보니 당연하다는 듯 집 주변 아무데나 볼 일을 본다고 했다(지난번 홍수 때 바지 걷어 올리고 물속을 다녔더니 다리에 피부병이 생겼었다). 뒤처리는 어떻게 하는지 물으니 각양각색이다. 바가지에 물을 떠서 사용하거나 나뭇잎이나 풀잎, 짚, 걸레쪼가리, 심지어 흙을 사용한단다!(도시 서민들은 일반적으로 물을 사용한다. 수세식 화장실에는 뒤처리용 작은 샤워기 같은 게 있다) 이런 방법으로 처리하면 여성들의 건강에 심각한 질병을 초래할 수도 있다. 보건소에 물어보니 역시 부인과 질환이 많다. 노상배변은 특히 여성의 경우 남성보다 더 큰 고통이 따르고(생리, 성추행 등), 수치심, 뱀이나 파충류에 물리거나 우기에는 비를 맞아야 하는 등 문제점이 많다. 그래서 동네에 화장실을 지어달라고 요청했다. 장소 선정은 마을 회의에서 결정하고, 주민들이 노동력을 제공하고 우리는 재료비만 지원하는 것으로 합의했다. 관리와 운영은 당연히 마을위원회에서 하도록 했다. 드디어 시범사업으로 마을 안 공터에 주민들과 함께 화장실을 건축했다. 수도 시설이 없는 지역이라 재래식(푸세식)으로 짓고 근처에 우물도 있어야 화장실 청소뿐 아니라 뒤처리도 가능하다(우물과 화장실이 바로 옆에 있으면 수질오염이 될 수 있어 일정한 거리가 필요하다). 화장실은 관리가 중요하다. 청결도 중요하고 어느 정도 차면 정화조 차를 불러서 내용물을 비워내야 하는 등 지속적인 관리가 필요하다.

몇 달 후 모니터링 차 방문하니 비교적 잘 운영되고 있었다. 특히 젊은 여성들의 호응도가 높았다. 여성들은 프라이버시, 편의, 생리 때의 위생 등 보다 안전한 장소로 인해 만족감이 높았다. 그렇다고 모든 사람들이 다 좋다고 하진 않는다. 몇몇 남성들(비교적 연장자들)은 화장실 무용론을 주장하기도 했다. 각자가 들판에서 볼일 보면 쓰레기도 없고 들판에 거름도 되고 돈도 안 드는데 이렇게 다 모아두면 냄새도 나고 그걸 치우는 경비도 따로 든다며 불평 아닌 불평을 했다. 옆에서 덩치 큰 아주머니가 한마디 했더니 조용해지긴 했다. 아무리 선하고 좋은 일이라도 모든 사람들을 만족시키기란 참 어렵다. 사실 화장실을 만드는 것보다 더 중요한 것은 화장실을 지속가능하게 사용하는 방법이다. 화장실이 왜 필요한지, 화장실을 어떻게 사용해야 하는지 등의 교육을 통해 건강한 화장실 문화가 자리 잡을 수 있도록 사용하는 사람들의 인식개선이 필요한 시점이다.

긴급구호활동

태국에 대형 홍수가 났다. 한 국가에 재난이 발생하면 그 지역에 지부가 없을 경우 인근 국가에서 지원하는 경우가 종종 있다. 태국 국경지역에 위치한 우리 지부에서 매니저급 직원들이 1차 팀으로 파견되어 현장조사가 이루어졌다. 2차 팀으로 나와 태국을 잘 아는 고문님, 매니저들이 들어갔다.

가장 피해가 심각한 방콕 인근의 한 도시로 들어갔다. 도시의 90퍼센트가 물에 잠겨 주민들이 학교에 대피해 있는 것이 보였다. 비는 그쳤지만 물이 빠지지 않아 걸어서 이동하는 것이 불가능했다. 도청에서 보내줄 고무보트를 기다리며 주위를 둘러보았다. 도시는 물에 잠겨있는데 정작 마실 물이 없어 식수공급이 절실한 실정이다. 이 물을 현장에서 곧바로 식수로 바꿀 수 있는 정수차량 같은 게 있으면 큰 도움이 될 것 같다. 도지사와 관련 당국 직원들과 미팅을 통해 구호물품 종류와 수송 방법, 안내차량, 전달식 행사 등을 의논하고 돌아왔다.

다음날 물품 구매를 위해 방콕에서 가장 큰 마트로 갔다. 쌀, 생수, 컵라면 등 도청에서 요구한 물품들을 구매하려는데 수량이 모자라 몇 시간을 기다려야 했다. 더 큰 문제는 도지사가 보내주기로 한 트럭이 감감무소식이다. 한참 만에 모든 트럭이 방콕으로 다 보내져서 보유 트럭이 하나도 없다는 연락이 왔다. 알아서 트럭을 구해 물품을 전달해 달라고 했다. 트럭회사들은 가격을 두세 배 준다고 해도 다 거절했다. 기적적으로 한인교회(이 교회 성도들은 구호품을 날라주고 보관해주는 등 큰 도움을 주었다)의 도움으로 2대의 트럭을 마련했는데 문제는 그때부터였다.

방콕에서 두세 시간 걸리는 지역이라 어둡기 전에 도착할 줄 알았는데 가도 가도 끝이 없다. 안내해 준다는 차는 보이지 않고 트럭은 반쯤 물에 잠긴 채 속도를 내지 못하고 기어가다시피 했다.

물에 잠긴 지역은 밤이 되자 불빛 하나 보이지 않았다. 마치 망망대해를 차를 몰고 가는 듯했다. 부력으로 자칫 차가 뒤집히면 큰일 나는 상황이었다. '나 하나 죽으면 괜찮은데 처자식 있는 우리 직원들 어떡하나. 수영이라도 배워둘 걸. 후원자들의 귀한 기부금으로 구입한 구호품이 못쓰게 되면 안 되는데.' 별별 생각이 다 들어 긴장을 늦출 수가 없었다. 밤 11시가 다 되어 간신히 도착했다. 백여 명의 주민들이 식사를 준비해 놓고 그때까지 기다리고 있었다. 그제야 경찰들이 나타나 우리를 호위해 주었다.

전달식을 잘 마시고 다시 출발하려는데 고무보트 하나가 도착한다. 보트 안에서 임산부가 내리자마자 바닥에 드러눕더니 곧바로 출산한다. 산파처럼 보이는 이가 여인과 신생아를 트럭에 조심스레 옮긴다. 병원으로 후송하는 모양이다. 예전에 간호조무사 자격증 따려다 만 것이 후회가 됐다. 그랬더라면 조금이라도 도움이 될 수 있었을 텐데. 자연재해가 나면 여성들이 더 많은 고통을 당한다. 부디 산모와 아기가 무탈하기를.

다시 물속에 잠긴 도시를 지나 방콕으로 돌아오니 새벽이 밝아오고 있었다. 피곤한데 잠이 오지 않는다. 모두 무사해서 정말 다행이다.

명절을 현지 직원들과 함께

설날이다. 해외에 살면 우리 명절을 쇤다는 게 쉽지 않다. 한국 직원만 공휴일로 지킬 수도 없어서 대부분 일하면서 그냥 지나치는 경우가 많다. 올해는 며칠 전부터 별러 로컬 직원들과 함께 명절을 지내기로 하고 수도 프놈펜에 있는 한국식품점에서 식재료도 미리 구입해 놓았다.

메뉴는 떡국, 떡볶이, 김밥, 그리고 잡채. 한국 사람들은 설날에 떡국을 먹어야 나이 한 살 더 먹을 수 있다고 했더니 믿지 않는 눈치다. 숟가락을 들고는 처음 본 떡국을 신기한 듯 뚫어져라 쳐다만 보고 있다. 허연 쌀가루가 뭉쳐져 있는 모양이 이상한지 선뜻 도전할 엄두가 안 나는 모양이다.

평소 직원들과 점심을 같이 먹는데 항상 먹기 직전에 농담 삼아 하는 말이 있다.

"냠바이 찌라언, 트붜까 찌라언"(밥을 많이 먹어야 일도 많이 한다) 이 말만 하면 직원들이 자지러지게 웃는다.

떡국을 멀뚱멀뚱 쳐다보는 직원들에게 이 말을 하니 다들 떡국을 떠먹기 시작했다. 열심히 먹다가 쳐다보니 김밥과 잡채는 그새 동이 나고 없다. 여직원은 레시피가 뭐냐며 받아 적기도 한다. 그런데 떡국 그릇을 보니 국물만 떠먹고 떡은 고스란히 남아있다. 떡볶이는 어묵과 라면만 쏙쏙 건져먹어 역시 떡만 남아있다. 왜 안 먹느냐고 물으니 쫄깃쫄깃한 게 씹는 느낌이 이상하고 무슨 맛인지 모르겠다고 했다. 이런~ 이 가래떡 얼마나 어렵게 구한 건데. 오늘 남은 떡은 나 혼자 배터지게 먹어 치워야겠다.

예전에 오래 근무했던 직원들에게 한국음식 중 신기한 게 뭐냐고 물으니 짜장면과 냉면이라고 대답했다. 짜장면은 색깔 때문에 비호감이고 냉면은 얼음물에서 면을 건져 먹는 게 이해가 안 된다나. 하기야 더운 날씨에도 뜨거운 쌀국수를 즐겨먹는 이들로서는 이상하게 보일 수도 있겠다.

우리 직원들이 제일 좋아하는 한국음식은 단연 불고기와 비빔밥이다(캄보디아뿐 아니라 다른 나라에서도 마찬가지일 거다). 한국라면도 좋아한다. 단기봉사 팀이 선물하고 가는 컵라면은 인기 최고다. 맵다고 하면서도 땀 뻘뻘 흘리면서 먹는 게 참 귀엽다. 김치도 처음에는 맵다고 하더니 나중에는 중독되었는지 심심하면 김치 달라고 한다(여기선 김치가 금치라는 걸 이 친구들은 모른다).

마지막으로 세배하는 법도 가르쳤다. 연세 드신 분들한테는 '새해 복 많이 받으세요'라고 하면서 절해야 한다며 가르치니 곧잘 따라한다. 고문님을 모시고 한번 했는데 감사하게도 직원들에게 세뱃돈을 챙겨주셨다. 직원들이 한번 돈맛(?)을 봐서인지 내게도 절하겠다고 다가와서 적어도 60세는 넘는 분들께만 해야 하는 것이라고 못을 단단히 박았다!

점심 먹은 후 윷놀이와 제기차기도 했다. 처음에는 어려워하더니 나중에는 재미있는지 서로 죽이네 살리네(물론 말을...) 자기들이 더 극성이었다.

새해를 맞아 이렇게 한국문화교류의 장을 마련해보았다. 평소 업무 때문에 서로 인상만 쓰다가 함께 먹고 웃고 떠드니 많이 친해진 것 같다. 서로의 문화에 대한 깊은 이해가 있으면 더 친밀감을 느끼고 서로를 존중하게 된다. 다음엔 한복도 구해봐야지. 직원들한테 입히면 재미있을 것 같다.

우리 집 골목은 상습침수구역

밀린 일을 처리하기 위해 토요일인데도 출근하려고 집을 나섰다. 그런데 간밤에 내린 비로 집 앞 골목이 완전 물바다였다. 다른 도로는 물이 다 빠져 괜찮은데 이곳은 지대가 낮아 상습침수구역이다. 스콜성 비가 집중적으로 몇 시간 내리면 항상 이 꼴이 난다. 이번 달에만 벌써 세 번째다. 집에서 사무실까지는 겨우 30미터. 두 집 건너에 있다. 다시 집으로 들어갈까 잠시 고민했다. 보고서를 보내야 하는데 집에서는 인터넷이 안 된다. 에라 모르겠다, 바지를 둘둘 걷어 올리고 노트북 가방을 머리에 이고 물속으로 들어갔다. 황토 물이어서 바닥이 보이지 않는다. 다행히 가장 깊은 곳이 허벅지까지만 찬다. 넘어지면 낭패다. 누런 황토 물속을 더듬더듬 힘겹게 걷다가 맞은편에서 오는 젊은 서양여성을 만났다. 그녀는 나보다 더 힘겹게 자전거까지 끌면서 위태위태 걷고 있었다. 마주보고 괜찮은지 물으며 서로 웃었다. 30미터가 300미터는 되는 느낌이다. 겨우 도착하니 경비아저씨가 이런 날 뭐 하러 나왔냐고 한다. 퇴근 때까진 물이 다 빠지겠지 생각하고 일에 집중했다.

저녁 무렵 사무실에서 나오니 상황은 오전이나 마찬가지다. 또 더듬더듬 걷고 있는데 으악~ 간도 크게 차량 한 대가 들어오고 있다. 얼른 길가 쪽으로 피하긴 했는데 차량 운전자는 자기 딴엔 아주 조심스럽게 운전을 하면서 서서히 내 곁으로 다가왔다. 그와 동시에 황토물이 좍 튀면서 온몸에 물벼락을 맞았다. 째려보니까 겸연쩍은 표정을 지으며 그냥 지나간다. 흰색 티셔츠가 황토색이 된 채 아파트로 들어서니 입구에서 청소하는 여성이 보고 깔깔 웃는다. 확 물속에 밀어버릴까 보다. '아니, 지금이 웃을 때냐고. 이 아파트 주인은 돈 벌어서 다 어디에 쓰는지. 제발 길 보수 좀 하시지.'

HR(Human resource)은 언제나 골치 아프다

그는 면접 때부터 마음에 쏙 들었다(직원을 고용할 때 1차 서류전형, 2차 컴퓨터 테스트, 3차 면접을 한다). 영어도 곧잘 했고 관련 업무 지식도 좋았으며, 성실하게 보였다.

면접 때는 주로 기술적인 부분 외에도 자신의 비전, 본인의 장단점, 과거 경험 중 실패했던 일 등을 질문한다. 캄보디아인들의 공통점은 자신의 장점은 길게 얘기하고 단점은 한 개 정도만 말하거나 단점이 없다고 얘기하는 경우도 있다. 단점이 없다고 한 친구는 대개 탈락된다.

이 친구는 자신의 장점과 단점을 분명하게 얘기했고 나의 기습적인 질문에도 차분히 답변했다. 바로 고용해서 3년을 집중적으로 훈련시켰다.

훈련효과가 다른 직원에 비해 탁월했다. 잘 성장시켜서 곧 매니저로 승진시켜도 되겠다고 생각했다.

어느 날 아침에 출근하니 내 책상에 사직서가 놓여있다. 개인적 사유로 사직한다는데, 알고 보니 큰 기관으로 이직해 이곳보다 월급을 두 배나 받는다는 것이다. 비단 이 친구뿐만이 아니다. 2년간 거의 10여 명의 직원들이 같은 전철을 밟았다(캄보디아는 다른 국가에 비해 이직률이 높다. 이동 가능한 NGO들이 많다는 의미다). 이런 일이 자꾸 반복되니까 힘이 빠지고 훈련시키는 데 의욕을 잃게 만든다.

사실 괜찮은 직원 구하기도 쉽지 않다. 월급이 대형 NGO의 절반 수준이니 경력 있고 유능한 사람들을 기대하기 어렵다. 한국이나 선진국에서는 월급이 낮더라도 가치 있는 일이면 그 가치가 월급의 일부라 생각하고 NGO나 시민단체, 복지단체에서 일하는 사람들이 많다. 하지만 개발도상국에서의 NGO는 꿈의 직장이다. 다른 직업에 비해 보수도 괜찮고 사회적 지위도 나쁘지 않다. 그래서 많은 청년들이 NGO에서 일하고 싶어 한다. 작은 NGO에서 경험 쌓아 대형 NGO로 옮긴 후 최종목표로 UN을 꿈꾼다. 우리는 대형 NGO에 직원 뺏긴다고 불평하고 그들은 UN에 불평한다.

직원들에게 이직률을 낮출 수 있는 방안이 없을까 물어보니 조직의 문화를 잘 만들고 복지혜택을 많이 주면 좋겠다고 한다. 의료보험 혜택, 수당 등을 지원해도 사실 효과는 없다. 두 배나 많은 월급에 유혹당하지 않을 사람이 어디 있겠는가?

물론 직원 전부가 그런 것은 아니다. 작년에 고용한 매니저 한 명은 UNEP 출신으로 주말엔 대학에서 교수로도 근무하고 있다. 면접할 때 스펙이 너무 화려해서 탈락시키려다가 기대월급을 물어봤다. 주는 대로 받겠다고 한다(사실 주는 대로 받겠다고 말은 하지만 실제 금액을 제시하면 안 하겠다는 사람들이 많다). 단도직입적으로 금액을 제시하며 협상은 없다고 했더니 No problem이라고 했다. 이 금액은 현재 받는 월급의 50퍼센트밖에 되지 않는다. 납득이 안 되어 이유를 물어봤다. UN은 월급은 많지만 해외출장과 근무가 많아 자주 가족과 떨어져 지내야 하는 게 힘들다며 돈보다 가족이 우선이라고 했다. 그 말에 감동하여 고용했다. 그는 정년퇴직까지 일하겠다고 약속해서 위로가 되었다. 이직자에 대한 원망보다는 월급이 낮아도 묵묵히 일하며 남아 있는 자들에 대한 감사가 우선이 되어야 할 것 같다.

어린이 마라톤 대회

6월 1일은 인터내셔널 어린이날이다. 어린이날을 기념해 시골 사업장에서 어린이 마라톤(하프 마라톤) 대회를 개최했다. 시골 초등학교 아이들은 마라톤을 구경한 적도 없고 어떻게 뛰는 줄도 몰라 직원들이 설명하느라 애를 먹었다. 연습을 시키는데, 100미터 달리기 하듯 뛰다가 중도 포기하는 아이, 실컷 잘 뛰다가 그냥 돌아와 버리는 아이 등 가지각색이었다. 체육을 전공한 봉사단원이 몇 달 전부터 야심차게 준비했다. 첫 마라톤 대회라 소규모로 준비했는데 초청 인사들이(교육부, 도청 직원, 군인, 경찰 등) 생기면서 규모가 생각보다 커지게 되었다. 사실 운동화는커녕 쪼리를 신거나 맨발인 아이들이 대부분인데 발을 다치기라도 할까 봐 걱정했더니 선생님들이 그런 것에는 단련된 아이들이라 문제없다고 했다(맨발로 다니는 아이들이 많아 예전에 후원받은 신발을 배분했다. 처음엔 잘 신고 다니던 아이들이 어느 순간 또 맨발로 다닌다).

아이들의 안전을 위해 지역경찰, 지역보건소, 학교선생님들, 그리고 직원들이 혼연일체가 되어 진행했다. 전날 티셔츠와 번호판을 나눠주고 시상식도 준비했다. 1등 상품이 자전거다(자전거를 타기 위해 아이들이 시간 날 때마다 뛰어다녔다고 한다).

사실 이 행사의 목적은 아이들이 초등학교라도 졸업할 수 있도록 학부모와 지역사회가 관심을 가져달라는 데 있다. 태국 국경지역이라 한 집에 한 명 이상은 태국으로 불법 취업을 한 실정이다(캄보디아에서 볼 때 태국은 선진국이다). 캄보디아보다 2배의 임금을 받을 수 있으니 성한 몸을 가진 사람이면 누구나 가길 원한다. 불법 취업이므로 남자들은 대부분 막노동을 하고 여성들은 식당이나 식모살이를 한다. 고향에 아이들만 놔둘 수 없어 대부분 데리고 가기 때문에 초등학교 중퇴율이 놀랄 정도로 높다. 아이들은 태국에서 학교에 다닐 수 없어 거리를 떠돈다. 직원들과 아이디어를 짜내며 중퇴율을 낮추기 위해 학부모 회의를 여러 차례 해도 소용없다.

교사들은 더 가관이다. 한 달 월급이 우리 돈으로 5만 원에서 10만 원 미만이니 의욕이 없을 만도 하다. 그래서 상당수의 교사들이 오후에 과외를 해서 돈을 번다. 시험문제는 대부분 과외수업 때 배운 것이 나오기 때문에 돈 있는 애들만 공부 잘하게 된다. 어떤 교장선생은 매일 술에 절어 있다. 내가 학교를 방문할 때마다 맨 정신인 것을 본 적이 없다. 근처에 있는 교육청이 관리감독 해야 하는데 그곳도 사정은 마찬가지다. 지역사회가 아이들 교육에 적극적인 관심을 가질 수 있도록 분위기를 조성해야 한다. 학부모 교육과 교사연수 프로그램을 내년에는 꼭 계획해야겠다.

하얀 티셔츠에 번호표를 단 아이들이 출발 신호와 함께 와~ 함성을 지르며 뛰기 시작한다. 싸구려 쪼리를 신고서 잘도 달린다. 뛰는 아이들 얼굴에 웃음이 가득하다.

너희들이 캄보디아의 미래다. 앞으로의 인생길도 잘 달려나가길!

지역개발은 지역운영위원회와 함께

캄보디아에서 우리가 하는 일은 일명 지역개발사업이다. 긴급구호는 주로 난민이나 재난지역에 국한되며 지역사회가 안정을 찾으면 지역주민조직을 통한 개발사업 중심의 프로그램이 진행된다. 먼저 지역리서치를 통해 지역 내 활용 가능한 자원을 파악하고 지역의 필요(Needs)를 함께 논의하면서 프로그램을 기획한다. 예전에는 기관의 필요가 우선인, 즉 정해진 프로그램을 가지고 지역에 적용하는 탑다운 방식이었다면 지금은 지역의 필요가 우선인 bottom up 방식을 따르고 있다. 지역의 필요 중 빈곤의 근본 뿌리들을 관찰하고 연구하여 프로그램으로 기획된다. 모든 프로그램은 지역운영위원회와 함께 소통하면서 운영한다. 운영 모델은 기관의 역할을 가능한 최소화하고 지역주민들이 중심이 되어 프로그램을 이끌어 나가는 식이다. 파트너십에 의해 서로의 역할을 규정하고, 모니터링하고, 평가한다.

프로그램은 교육, 보건, 식수위생, 소득증대 등이며, 국가의 상황과 지역 환경에 따라 다양해질 수 있다.

지역운영위원회는 신중하게 잘 구성되어야 한다. 대부분 지역주민들이 투표를 통해 선출하는데, 한 사람의 의견에 전체가 맹목적으로 따라가는 구조가 아니라 수평적인 소통이 이루어지게 구성하고, 특히 남녀 비율을 정하여 권위적인 사회에서는 자칫 소외될 수 있는 여성의 목소리가 반영될 수 있도록 한다(여성들이 많아야 성공 확률이 높다).

캄보디아 지역위원회들은 지역사회에 대한 열정이 많고 훈련효과가 높다. 특히 남성들보다 여성들이 더 부지런하고 성실하다. 캄보디아 남성들은 밤낮 가리지 않고 술을 너무 많이 마신다. 캄보디아 맥주 값이 너무 싸서 탈이다. 정부는 술값 인상하라!

며칠 전 운영위원회 미팅 때 우리나라의 경험을 나누었다. 한국도 내전으로 최빈국이었지만 50년 만에 눈부신 성장을 했다며 한국의 개발모델을 제시하기도 했다. 하지만 외부인이 대신 그려놓은 개발의 방법을 모방하도록 강요받는 것은 자칫 그들의 가치와 긍지를 잃게 만들 수 있으니 앞으로 자제해야 할 것 같다. 개발은 지역사회 안에서 자발적으로 일어나야 성공률이 높다. 지역사회의 자력에 의해 욕구가 충족되도록 하는 것이 가장 좋다. 설령 자원이나 기술이 없고 인프라나 교육 기회가 부족한 지역이라 해도 외부 원조를 끌어들이거나 새로운 지식을 들여올 게 아니라 현재 그들이 가지고 있는 좋은 점들에서 출발해야 한다. 즉 자기 지역에 있는 자연, 역사, 문화 등의 가치를 재발견하고 그것을 살리는 노력이 중요하다.

복장 터지게 하는 사람들

모기장이 필요한 계절이다. 여기선 사시사철 다 모기장이 필요하긴 하지만 1년의 절반을 차지하는 우기 때는 특히 모기로 인한 말라리아나 뎅기열이 극성이다. 뎅기열은 몸살처럼 온몸의 뼈마디가 부서질 듯 아프고 고열이 지속된다. 영양 상태가 좋지 않는 아이들은 제때 치료받지 못하면 뎅기열로 사망하기도 한다. 아무래도 도시보다는 농촌에서 더 많이 발생하여 시골 사업장에서는 정기적으로 모기장을 배분한다. 조금 비싸더라도 약품처리 된 모기장은 일반 모기장에 비해 뎅기열의 위험성을 줄일 수 있다. 모기장을 배분할 때 주민교육을 잘 시켜야 한다. 모기장이 엉뚱한 데 사용될 수도 있기 때문이다. 모기장을 잘라서 물고기 잡는 어망으로 사용하기도 한다. 약품처리 된 모기장을 어망으로 사용하면 식수원인 호수나 하천이 오염된다. 모기 잡으랬더니 물고기나 잡고 있다. 정말 한심한 노릇이다!

시골 사업장의 어느 마을에 수해가 났다. 스콜성 비가 몇 시간 쉬지 않고 내리면 하수도 시설이 없는 마을은 금방 물에 잠긴다. 시골의 집들은 시멘트나 나무 기둥을 이용해 지상에서 어느 정도 띄워 집을 짓는다. 홍수가 나면 집의 반 이상이 물에 잠겨 배로 이동해야 한다. 주민들이 인근 사원으로 대피해서 며칠 동안 생활하고 있었다. 사원에서 밥을 얻어먹고 있긴 한데 물이 쉽게 빠지지 않아 복귀할 때까지 시일이 걸린다며 식량지원을 요청해왔다. 구입한 구호물품을 싣고 마을로 들어가니 운영위원회에서 선정한 수혜자들 백여 명이 옹기종기 모여 우리를 기다리고 있었다. 인사하고 물품을 전달하려는 순간 몇 명의 남자가 나타나 크게 소리를 질렀다. 운영위원들에게 수혜자 선정이 잘못되었다며 따지는 것이었다. 순식간에 서로 욕하고 난리가 났다(난 여태껏 캄보디아 사람들이 싸우는 것을 보지 못했었다). 매니저에게 주민들 조용히 시키라고 했더니 곧 잠잠해졌다.

"저와 직원들은 오늘 새벽에 출발해서 지금까지 아무것도 먹지 못하고 이곳에 도착했습니다. 배고픈 여러분들에게 더 빨리 물품을 전달하고 싶은 마음에서입니다. 이 물품은 마을에 평화를 주기 위해 지원하는 것입니다. 하지만 지금 보니 분쟁의 씨앗이 되고 있습니다. 그렇다면 이 물자는 배분 되어서는 안 된다고 생각합니다. 우리는 지역개발을 하는 기관입니다. 지역개발은 지역화합이 우선입니다. 우리로 인해 지역이 개발되지 못하고 퇴보된다면 이 마을에서 일할 이유가 없습니다. 제 말이 틀렸습니까?"

"맞습니다." 다들 고개를 끄덕인다.

"저는 오늘 이 물품을 가지고 그냥 돌아가겠습니다. 여러분은 지금 준비되어 있지 않습니다. 서로가 협력하고 화합할 준비가 되었을 때 물자를 배분하겠습니다. 동의하십니까?"

다들 흔쾌히 동의한다고 대답했다. 짐을 싣고 돌아서 나오는데 다들 말이 없다. 매니저에게 내일 다시 방문해서 마을운영위원회와 마을주민들을 모아서 문제를 해결한 후 배분하라고 시켰다. 물자배분은 긴급구호 활동기간이든 아니든 간에 정말 조심해야 한다. 규모가 클 때는 경찰이나 안전요원과 함께 진행해야 한다. 그렇지 않으면 폭력이 발생하거나 다칠 우려가 있다. 기관 대표자가 와서 물품을 배분하고 있는데 감사하다는 말은 못할망정 그 앞에서 서로 싸우다니 말이 되는가?

연초엔 직원 재계약을 한다. 계약 시에는 전년도 업무 평가를 반영하여 월급 인상을 결정한다. 평가는 근무태도(근무태도중 출근시간 지키는 것을 가장 중요시한다. 왜냐하면 출근시간 지키는 것이 시간관리의 기본이기 때문이다. 지각 자주하는 사람은 자기관리능력이 떨어지는게 내가 관찰한 바다), 업무 성취도 등을 반영한다. 면담 후 계약서 사인을 모두 마쳤다. 연초 큰일 중 하나를 무사히 마쳤다는 생각에 안도하고 있을 때 한 직원이 불쑥 내 방으로 들어왔다. 제일 말썽 피우는 직원 중 한 명이다. 나를 똑바로 쳐다보고는 다짜고짜 이렇게 말했다.

"월급 더 올려주세요. 나 올해 돈 쓸 일 많아요."

"무슨 일 있어?" 집안에 누가 아프거나 걱정거리가 있나 하고 물었다.

"저 핸드폰도 새로 사야 하고 여자 친구도 생겨서 데이트 비용도 있어야 하고."

이런~ 개념 없는 친구를 봤나!

"월급 더 올려줘야 할 정도로 네가 일을 잘했다고 생각하니?"

"일을 잘하진 못했지만 그래도 돈 쓸 일이 많으니 더 올려주세요."

결국 행정매니저랑 면담하라고 내보냈다.

세상에 돈 쓸 일 없는 사람도 있나?

그는 결국 일만 잔뜩 벌여놓고는 한 달 전에 사표 내면서 마지막 열흘 유급휴가까지 요청했다. 여친 따라 다른 지역에 취직되었다며. 인수인계도 안 해서 휴가 못 주겠다고 하니 노동법을 들이대어 결국 승인했다. '그래, 잘 가라~ 다 내 탓이다. 안목 없이 고용한 내 탓.'

자원봉사 팀 방문하던 날

캄보디아는 한국에서 가깝고(비행기로 6시간 이내) 물가도 비교적 저렴해 자원봉사 팀이 많이 온다. 대학생 팀, 교장선생님 팀, 청소년 팀, 회사의 사회공헌 팀 등 다양하다. 방문 팀의 특성을 고려하여 프로그램도 다양하게 준비한다. 화장실이나 집수리 보조, 학교책상 니스 칠하기, 초등학교 미술·음악교실 등 방문 팀의 만족도와 지역사회의 만족도를 고려해서 다채롭게 준비한다.

그중 초등학생이나 청소년 팀은 주로 시골 사업장의 현지가정 방문 경험을 하게 한다(청소년 팀은 숙식을 함께 할 때도 있지만 뎅기열, 장티푸스 등 상황을 고려한다). 그냥 방문하는 것이 아니라 현지 아동들의 일상을 보조하게 한다. 자신보다 더 작고 연약한 아이가 뭔 일을 하겠냐며 대수롭지 않게 생각했다가는 큰 코 다친다. 캄보디아 시골 아이들의 삶은 녹록치 않다. 학교 갔다 와서 집안일 하랴, 가축 돌보랴, 동생들 돌보랴 하루 종일 바쁘다.

이번에 방문한 초등학생 팀에게는 빨래와 식사준비를 도우라고 미션을 주었다(물론 직원이 한명씩 배치되어 보조한다). 헌데 이 두 가지 일이 만만치가 않다. 시골은 수도와 전기, 가스레인지가 없는 집이 대부분이기 때문이다. 우선 빨래를 하려면 우물에 가서 물을 길어 와야 한다(우기에는 집집마다 큰 항아리를 처마 밑에 두고 빗물을 받아 생활한다). 우물이 집 바로 앞에 있는 것도 아니다. 최소한 백여 미터는 가야 한다. 펌프식 우물은 그나마 낫지만 일반 우물은 두레박으로 길어 올려야 한다. 빨래는 많은 물을 필요로 하기에 여러 번 왔다 갔다 해야 한다(한국처럼 여러 번 헹구지 않아 그나마 다행이다). 식사 준비는 더 어렵다. 밥을 하려면 나뭇가지를 주워서 불을 지펴야 한다. 길어온 물로 쌀을 씻어 냄비에 안치고 나뭇가지로 불을 때며 화력을 잘 조절해야 한다. 밥을 하고 난 후 그 불에 국을 끓여야 한다. 아무리 빨리 해도 1시간이 넘는다(마을에 출장가면 식사 대접을 받을 때가 있는데 거의 2시간이 걸리는 이유가 다 있다). 밥을 먹고 나면 또 물을 길어와 설거지를 해야 한다.

방문 팀이 도착하면 오리엔테이션 때 몇 가지 주의사항을 알린다. 성인들은 봉사활동 중 술.담배 자제(소주병을 챙겨와 식사 중 반주로 드시는 분들이 꼭 있다!), 개인적으로 돈 건네지 말 것, 현지인들의 동작이 굼뜨다고 화내면서 가르치지 말 것(건축보조를 할 때 꼭 화내시는 분들이 있다. 현지인들 일하는 것 보면 복장 터질 만도 하다) 등.

현지가정을 방문하는 아동이나 청소년 팀에게는 꼭 이런 당부를 빼놓지 않는다.

"여러분은 한국에서 온 언니 오빠들이에요. 어린 동생들이 어떤 일을 하는지 잘 보고 옆에서 도와주세요. 혹시 아이들이 식사 준비할 때 개구리탕이나 개미볶음을 하더라도 소리 지르거나 무서워하지 마세요. 시골에서는 고단백 요리에 속합니다. 그들이 먹는 음식에 대해 무서워하거나 혐

오감을 가지는 것은 예의가 아니에요."

한국 아이들은 자기보다 훨씬 어린 캄보디아 애들이 노련하게 해내는 것을 보며 불평할 수도 없고 개구리탕이나 곤충볶음 먹는 것을 보고도 겉으로 내색을 안 한다(대신 같이 요리한 음식에 다들 손을 안 댄다. 밥이라도 조금 먹어주지).

귀국한 후 부모님에게서 전화가 많이 걸려온다.

"우리 아이가 달라졌어요. 한 번도 안 하던 자기 교복과 운동화를 빨아요."

"우리 아이는 밥투정을 안 해요~"

먹거리 천국인 캄보디아

캄보디아는 과일천국이다. 파인애플, 수박은 한국보다 달고, 우리나라에선 비싸서 망설여지는 망고, 파파야, 망고스틴은 밥 먹듯 먹을 수 있다. 과일의 왕 두리안은 냄새 때문에 호불호가 갈리지만 은근 중독성이 있다(처음으로 두리안을 먹었을 때 역한 냄새가 나고 트림하면 냄새가 올라와서 안 좋아했는데 아이스크림 같은 두리안을 맛보고선 애호가가 되었다. 구입할 때 잘 선별해야 한다). 빨간색의 패션프루츠는 과육만 먹으면 시큼하지만 스프라이트나 사이다에 넣어 먹으면 맛있다. 특히 더위 먹었을 때 섭취하면 회복이 빠르다(에너지 드링크 같은 느낌).

처음 보는 과일인 잭프루츠(큰 노란색 과육으로 말려서 과자로 만들기도 한다), 드래곤 프루츠(핑크빛 껍질에 자르면 하얀 과육에 깨 같은 씨가 박힌 것), 람부탄(밤송이처럼 가시가 달린 빨간색 과일), 스타프루츠(별 모양으로 껍질째 먹

음), 커스터드 애플(파란색으로 솔방울처럼 오돌토돌한 모양), 용안, 중국자몽(큰 오렌지같이 생겼고 껍질이 두껍다. 현지인들은 고춧가루와 소금, 후추를 섞은 양념에 찍어 먹는다), 사포딜라(다갈색으로 크기가 달걀만 하며 단맛이 강하다), 구아바 등 가격도 싸고 달고 맛있다. 사탕수수도 당 떨어질 때 마시면 좋다. 길거리 노점에서는 즉석에서 사탕수숫대를 기계에 눌러 즙을 짜 음료로 팔기도 하고(단, 장염에 주의해야 한다) 사탕수숫대를 조그맣게 토막 내어 파는데, 씹어서 즙만 빨아먹고 사탕수숫대는 뱉는다.

캄보디아 음식은 한국인 입맛에 맞다. 내가 좋아하는 꾸이띠우(쌀국수)는 소고기 국물에 쌀국수, 숙주, 어묵이나 고기가 들어있다. 레몬즙을 뿌려 먹는데 한국인이 좋아하는 대표적인 음식이다. 차 뜨러꾼(모닝글로리를 굴소스에 볶은 것), 반차오(부침개 종류로 쌀가루 반죽에다 돼지고기나 소고기를 갈아서 숙주나 야채를 넣고 반을 접어 부친다)도 있고, 시골 사업장에 갈 때는 사무실 근처 작은 식당에서 꼴란프놈(소가 산으로 올라간다는 뜻)이라는 요리를 먹는다. 숯불 위에 가운데가 불룩한 불판을 놓고 마가린이나 버터를 녹여 양념한 소고기와 야채를 구워먹는 한국의 불고기 같은 맛이다.

바이차(볶은밥)나 미차(볶음면), 바이싸쯔룩(고기볶음과 밥)은 편하게 먹을 수 있는 음식들이다.

캄보디아 아이스커피(까페 뜨더꼬떠꺼)는 세계적으로 유명한데, 커피원액에 연유와 얼음을 넣은 달콤한 맛으로 우유를 좋아하지 않는 나 같은 사람도 좋아할 만하다.

이색 길거리 음식도 많다. '뽕 띠어 꼬운'은 부화되기 전의 달걀이나 오리알이다. 톡 깨면 회색빛의 날개형상도 보이고 부리 같은 것도 보인다.

작은 숟가락으로 퍼먹는데 삶은 계란 맛이 난다. 구수한 국물에 씹히는 맛도 있다. 단백질이 풍부한 건강식이라고 해서 현지인들은 아플 때 많이 먹는다.

풍뎅이, 왕개미, 메뚜기볶음은 흔하다. 뱀 튀김, 도마뱀 꼬치 등 곤충, 파충류 요리도 많다(캄보디아인이 꼭 가난해서 이런 것을 먹는 것은 아니다. 우리가 번데기를 먹듯 이들에겐 자연스러운 식재료들이다).

아뼁은 타란툴라 류의 왕거미로 독을 품은 이를 제거한 뒤 튀겨서 먹는다. 출장 가는 길에 우리 여자봉사단원이 한 봉지 사들고 차 안에서 뽀드득 뽀드득 씹어 먹는다.

"맛있냐?"

"너~무 맛있어요."

"무슨 맛이냐?"

"음… 고소한 게 귀뚜라미 맛도 나고요, 음… 메뚜기 맛도 나요."

헐~ 그녀는 이 곤충들을 다 먹어본 것이다.

"머리 먹을 자신은 없고, 다리 하나만 뜯어줘."

그날 나는 다리 한쪽을 덜덜 떨면서 받아들고 조심스럽게 씹어 먹었다. 그냥 바싹 튀긴 과자 같다.

며칠 전 시골 어린이집을 방문했다. 아이들의 눈망울을 가만히 바라보고 있으면 근심걱정이 싹 달아난다. 눈망울이 어찌나 크고 영롱한지 모른다. 여자아이 한 명을 안고는 물었다.

"뭐 먹고 싶어? 좋아하는 음식이 뭐야?"

아이가 크고 예쁜 눈을 깜빡거리며 이렇게 말했다.

"쥐고기요."

그러자 옆에 있던 남자애가 안기면서 수줍은 듯 말했다.

"저는 아뼁(왕거미)이 맛있어요."

애를 계속 안고 있기가 좀 그렇다. 건너편에 세 살짜리 아이가 뭔가를 쪽쪽 빨고 있다. 사탕인 줄 알고 장난삼아 뺏어먹는 척하려고 다가갔다가 조용히 뒤돌아 나왔다. 구운 도마뱀 꼬랑지였다.

길게 멀리 봐야 하는 소득증대사업

우리가 교육, 식수, 보건위생 등 몇 가지 프로그램을 진행하지만 결국은 주민들의 소득이 향상되지 않는 한 빈곤은 계속될 것이다. 지역사회 주민들이 농가소득을 올릴 수 있는 방법이 없을까 끊임없이 연구하고 좋은 모델을 찾아 견학도 했다.

그동안 염소, 오리, 소 등 가축은행을 해보았지만 성공사례를 만들기가 쉽지 않았다. 소는 사육기간이 길어 단시간 내에 소득창출이 어렵고, 비교적 질병에 강한 염소는 뱀에 물려죽거나 교통사고, 도난사고 등 사건사고가 끊이질 않았다. 오리나 닭은 조류 독감 같은 질병이 한번 돌면 떼죽음을 당했다. 애정을 기울였던 가축들이 죽는 걸 보면서 트라우마가 생겨 앞으로 절대 살아있는 동물을 다루는 사업은 하지 않기로 다짐했었다.

직원들과 의논하면서 적은 규모지만 좀 더 다양한 사업을 파일럿으로 해보기로 했다. 경력직원들 중 이런 사업에 유경험자가 많아 보다 쉽게 시도할 수 있었다.

먼저 Dry Rice Farming 프로그램이다. 캄보디아 벼농사는 우기 농사법과 건기 농사법이 있는데, 빗물이 풍부한 우기에 농사를 짓는 1모작이 대부분이다. Dry Rice Farming은 건기에 강한 품종을 골라 수로나 저수지 등 관개시설의 확충을 통해 재배하는 방식이다.

재봉 클래스는 지역주민들이 장소를 제공하면, 우리는 재봉틀, 옷감, 실 등 기본적인 세팅을 해주게 된다. 지역 어머니회가 중심이 되어 전문가에게 일정기간 훈련받은 후 숙련되면 학생들 교복을 제작하여 판매한다. 판매수익금의 일부는 지역개발에 쓰인다.

홈 가드닝은 지역주민들에게 종자와 비료를 배분하여 각자의 텃밭에서 콩이나 모닝글로리를 재배하고 판매 후 종자와 비료대금은 리펀드해야 한다.

버섯재배사업은 큰 부담이 없다. 캄보디아 날씨는 버섯이 잘 자랄 수 있는 적절한 습도를 제공해서 버섯들이 싱싱하다. 한데 한 가지 문제는 저장성이 크지 않아 신속한 판매가 이루어져야 한다. 대형마트나 호텔, 식당 등 판로개척에 신경 써야 한다.

Self Help Group은 한국의 계모임과 같다. 우리가 Capital을 제공하면

계원들 또한 일정 금액을 내고 필요할 때 빌려 쓰다가 이자와 함께 갚는다. 자금이 모아지면 우리가 제공한 Capital을 리펀드해야 한다. 이 그룹은 맨 처음 모임을 조성할 때 직원들이 훈련시키고 나면 다들 알아서 잘한다.

그리고 다신 안 하고 싶었던 양계 프로젝트. 한국 본부에서 보낸 지정 기부금(후원자들이 프로그램을 선정해서 기부한다. 예를 들면 학교건축, 식수개발 등)인데 양계사업이다. 전문가를 보내주겠다는 말에 승낙했다.

캄보디아에서 코이카 시니어 봉사자로 일하셨던 전문가 선생님은 60대의

연세에도 불구하고 열정이 많으시다. 갓 부화된 병아리를 시골지역에 공급하고(병아리 부화장이 프놈펜에 있어 시골 사업장까지 운반하는 데 7시간이 걸린다. 반드시 갓 부화된 병아리여야 7시간 동안 건강하게 버틸 수 있고 하루라도 지난 병아리는 이동 중 죽을 가능성이 높다고 하셨다), 조합을 결성해 조합원들을 훈련시키고 양계장 모니터링도 꼼꼼히 하셨다.

병아리 배분할 때 갔었는데 4주 후에 가니 벌써 건강한 중닭이 되어 있었다. 앞으로 호텔이나 대형식당 등에 납품할 수 있도록 판로개척과 유통시스템을 잘 관리해야 한다. 당분간 시행착오가 있을 것이지만 주민들과 함께 성공모델을 한번 만들어보고 싶다.

내가 사랑했던 그녀

'위'라는 이름의 그녀는 20대 초반으로 아담한 체구에 순하게 생겼다. 사무실 클리너 겸 요리사를 채용하기 위해 몇 명을 면접했는데 첫눈에 마음에 들었다. 하지만 곧 고민이 생겼다. 무학이었던 것이다. 학교를 다녀본 적이 없어 캄보디아어를 쓸 줄도 읽을 줄도 몰랐다. 시장도 봐야 하는데 돈 계산은 할 수 있을까? 수습기간으로 한 달 지켜보고 결정하기로 했다.

다음 날 출근해보니 온 사무실이 반짝반짝 윤이 났다. 위는 3층까지 이미 다 청소를 해 놓았다. 일일이 시킬 필요도 없이 알아서 척척 다 했다. 캄보디아 사람 맞나 싶을 정도로 손이 빠르고 일솜씨도 깔끔했다. 학교를 다녀본 적이 없지만 대신 눈치가 빠르고 영리했다(공부를 가르쳤으면 훌륭한 인재가 되었을 거라 믿는다). 게다가 음식솜씨는 기가 막혔다. 한국인이 좋아하는 캄보디아 음식을 매일 메뉴를 바꾸어가며 해주었다. 우리가 뭘 좋아하고 싶어하는지 잘 파악했다. 게다가 한 번 가르친 한국음식은 그대로 재현해냈다. 오히려 더 맛있었다. 배추김치, 무김치, 불고기, 김밥 등도 더 맛있게 해서 봉사단원들이 그녀에게 배울 정도였다. 한국식당에 셰프로 취직해도 될 수준이었다. 그녀 덕분에 봉사 팀이 와도 식사 준비가 크게 겁나지 않았다.

또 한 가지는 신뢰성이다. 외국인들이 클리너를 채용할 경우 도난사고가 종종 발생한다. 방을 청소하면서 아무렇게나 둔 지갑에 표시 안 날 정도로 손을 대는 경우가 있어 현금이나 귀중품은 반드시 보이지 않는 곳에 두어야 한다. 그들이 실수하거나 유혹받지 않도록 하는 것도 우리의 의무다. 가끔씩 바쁠 때 나는 지갑을 책상 위에 그냥 둘 때가 있었는데 그녀는 10원 한 장 손 대는 법이 없었다. 오히려 돈이나 지갑을 수건이나 다른 것에 싸서 남들 눈에 안 띄게 둘 때도 있었다. 그러니 우리는 걱정 없이 안심하고 맡길 수 있었다. 그녀를 고용한 것은 신의 한 수였다.

수도 프놈펜으로 본부 사무실을 옮길 때 나와 시골의 한국스텝들은 위를 서로 데려가려고 난리였다. 장애인 아버지(지뢰사고로 한쪽 다리가 절단되었다)와 단둘이 사는 그녀는 알코올 중독자 아버지를 혼자 둘 수가 없어 시골 사업장에 남기로 했다.

프놈펜으로 오니 그녀가 참 그립다. 이곳 사무실에도 클리너 겸 요리사가 있는데 직원 말에 의하면 캄보디아 요리가 이렇게 형편없을 수가 없단다. 그녀는 내가 가져온 김치 맛을 보더니 자기도 할 수 있다며 위랑 전화통화를 했다. 절인 배추와 양념을 만들어주면서 버무리기만 하면 된다고 했다. 출장 나갔다 들어왔더니 배추는 아주 기묘한 김치로 탄생되어 있었다. 말인즉슨, 가르쳐준 대로 김치를 만들었는데 자기가 먹었던 신 맛이(그녀가 맛본 것은 신 김치였다) 나지 않자 김치 위에다 식초를 잔뜩 부어버렸다. 결국 아깝지만 버릴 수밖에 없었다.

프놈펜에 와서는 자주 장티푸스에 걸렸다. 이럴 때 그녀가 만들어준 음식은 힐링 푸드가 되었었는데. 봉사단원의 크메르어 교사역할도 해주고 아플 때 힐링 푸드로 한국스텝들을 벌떡 일어나게 만든 위는 지금 뭘 하고 있을까? 지금도 캄보디아 하면 그녀가 제일 먼저 떠오른다.

소식에 의하면 그녀는 몇 년 전 교회에서 만난 잘생긴 호주 남자와 결혼했다. 영어를 못하는 그녀와 캄보디아 말에 서툰 남자가 어떻게 데이트하는지 궁금하다. 하기야 사랑에 꼭 말이 필요한 것은 아니지만. 다들 그 남자를 의심하면서 그녀를 걱정했는데 오해였다. 호주에서 친척과 친구들 앞에서 결혼식도 올렸고 결혼 후 위가 입덧이 심하자 한국식당에 데려가는 등 자상한 남편이라고 한다. 지금 캄보디아에서 아들 낳고 잘 살고 있다. 언젠가는 한번 보러 가야겠다.

가정폭력예방 학부모 세미나

캄보디아 수도 프놈펜 인근에 위치한 도시 사업장은 느긋한 시골 사업장에 비해 사건사고가 끊이지 않는다. 남자들은 알코올 중독과 도박이 일상화되어 있고, 이는 곧 가정폭력으로 이어진다. 부인과 자녀들에게 상습적인 폭력을 휘두르고 자녀교육엔 그다지 관심이 없다. 어린 나이의 자녀를 식당에 취직시키거나 유흥업소에 팔기도 한다. 캄보디아는 한때 아동 대상의 섹스관광을 오는 외국인들 때문에 아동인권 문제가 이슈가 되기도 했었다.

얼마 전 한 여성이 열두 살 된 딸을 집에서 멀리 떨어진 관광지의 한 식당에 팔아넘긴 사례가 있었다. 우리가 후원하는 아동이었다. 식당에 몸값을 지불하고 다시 데려오기까지 구출작전을 벌여야 했다. 엄마를 불러다가 왜 그랬냐고 물으니 집에 돈이 없는데 딸이라도 돈을 벌어야 하지 않느냐며 도리어 반문했다. 엄마는 뭐하냐고 했더니 여기저기 쑤시고 아파서 일을 못한다고 했다. 보기엔 사지육신이 멀쩡했다. 딸이 고등학교 졸업할 때까진 절대 취업시키지 않는다는 각서를 쓰게 했다. 그 후 엄마는 우리 센터에서 급식지원 도우미로 일하고 있다.

지역사회에 만연해 있는 가정폭력을 조금이나마 해결할 수 있는 방법이 없을까 고민하다 학부모 세미나를 시범적으로 열기로 했다. 전문가를 강사로 초빙하고 가정폭력예방을 위한 티셔츠도 제작했다. 설마 가정폭력예방이라고 쓴 티셔츠를 입고 술 먹고 구타하진 않겠지 내심 기대하면서. 2시간 가까운 열강이 이어졌고 질의응답 시간이 되자 다양한 질문이 쏟아졌다. 여성들의 경우 남편이 술 먹고 자꾸 패는데 어떻게 했으면 좋겠냐는 내용이 주를 이루고, 남성들은 부인이 게을러 터져서 밥도 잘 안 준다고 불평을 하는 등 서로 공방전이 오고갔다. 하지만 다들 웃으면서 차분하게 자기 의견을 얘기해서 통역이 없었으면 서로 칭찬하는줄 알았을 것이다. 이 정도 되면 한국에서는 욱해서 서로 언성을 높일 텐데. 준비 기간이 길고 비용도 많이 들었지만 지역주민들을 이해하는 시간이었고 부모들도 자신을 돌아보고 의식의 변화를 일으킬 수 있는 기회가 되었다. 앞으로 정기적으로 개최해야겠다.

태양광 에너지 센터를 준비하다

시골 마을에 들렀다가 미팅이 길어지면서 금방 날이 어두워졌다. 주민들이 등유램프에 불을 붙여 가지고 왔다. 농촌에는 아직 전기가 들어오지 않는 곳이 많다. 이곳 주민들은 자동차 배터리를 인근 충전소에 가져가 충전해서 전기로 사용하고, 밤에는 등유램프를 사용해서 불을 밝힌다.

맨 처음 캄보디아에 와서 사무실 전기세를 확인하다가 깜짝 놀랐다. 사무실에 에어컨 대신 선풍기를 주로 사용하는데도 한국보다 훨씬 비싸다. 캄보디아는 전기를 주로 태국과 베트남에서 수입하는데 높은 전기세와 부족한 전력 공급량으로 정전이 잦다. 그나마 도시는 농촌에 비해 사정이 나은 편이다.

요즘 캄보디아 정부의 신재생 에너지에 대한 관심이 증가하고 있어 저렴한 전기 공급을 모색하다가 태양광 에너지 센터를 건립하기로 했다. 코이카와 GS 칼텍스와 함께 센터 건립과 태양광 랜턴 및 솔라 홈 시스템을 개발 보급하여 전기가 없는 시골지역에 보다 저렴한 전기를 공급하는 것이다.

솔라 홈 시스템은 지붕 위에 태양광 패널을 설치하고 생산된 전기를 배터리에 보관해서 필요할 때 전기를 사용할 수 있게끔 하는 것이다. 캄보디아는 일조량이 높아 태양광 에너지를 통한 전력 공급에 최적의 조건이다. 이미 태양광 사업을 하는 외국 NGO도 있고 시장에는 저렴한 중국산도 나와 있긴 하지만 많이 부족하다. 그간 직원들이 태양광 에너지 선진지역 견학을 하고 전기와 배터리에 관한 기본적인 기술도 훈련받는 등 피나는 노력을 했다. 이제 겨우 착공식이지만 여기까지 도달하기 위해 반년 동안 얼마나 많은 사람이 피눈물 나는 고생을 했는지 모른다. 소통을 해야 하는 한국본부 직원뿐 아니라 로컬 직원들도 대지 구입을 위해 백여 군데 땅을 보러 다니기도 했다. 처음엔 한국직원들이 동행했는데 외국인이 가면 막상 계약 시 두 배의 가격을 불러서 그다음부터는 로컬 직원들만 리서치하러 다녔다. 농담 삼아 어디 귀신 나오는 땅 없냐는 말까지 했다(캄보디아 인들은 귀신을 무서워해 귀신 나오는 땅이라면 저렴할 것이라는 쓸데없는 기대감으로).

어렵사리 대지를 구매했고 천만다행으로 좋은 건축업자를 만나서 계약하고, 자원봉사로 건축설계까지 도움받아 진행되고 있다. 이 센터가 완공되면 지역주민들의 고용창출 효과도 있고 저렴한 전기설비로 인해 삶의 질도 개선될 것이다. 앞으로 갈 길이 멀지만(오래 거주한 외국인들이 흔히 하는 말 '캄보디아에선 되는 일도 없고 안 되는 일도 없다'), 준공까지 모든 것이 큰 어려움 없이 진행되어 지역주민들에게 햇빛 같은 존재가 되길 소망하며.

휴직, 나를 돌아보는 시간

캄보디아 5년을 끝으로 1년 휴직했다. 몸과 마음이 탈진해서 재충전이 필요했다. 선배가 조언했다. 영. 혼. 육, 이 모두를 충전해야 완전히 회복된다고. 한국에 돌아와 건강을 위해 조깅도 하고 요가도 배운다. 책에 둘러싸여 지적 욕구도 충족하고 친구들과 수다 떨면서 그동안 못 먹었던 한국음식도 실컷 먹었다. 그런데 한국에서 먹는 한국음식은 이상하게 힐링 푸드가 안 되는 것 같다. 살만 찌고 마음은 계속 우울해져갔다. 누구는 갱년기 증상 아니냐고 하는데 벌써 오면 안되지. 이러다가 피같은 1년을 무의미하게 보낼 것 같아 가족관계 상담학교 프로그램에 신청했다. 모든 상처는 가정으로부터 출발한다. 가정 안에서 받은 상처는 가정 안에서 치유하는 게 우선이라는 게 이 프로그램의 요지다. 이제 나는 태국 치앙마이에서 6주 동안 합숙하면서 나를 돌아보는 시간을 가지려 한다.

요즘은 건강한 가정을 찾아보기가 힘들 정도로 많은 가정이 깨졌다. 나는 가정에서 받은 상처는 그곳을 떠나면 회복되리라 믿었다. 하지만 고스란히 남아 있었고 어떤 부분은 성장을 멈추어 어린아이 같은 욕구를 지니고 있다. 나는 그간 잊어버리고 있었던 어린 시절을 떠올려보았다.

아이는 아이답게 가끔씩 부모 속을 썩이며 자라야 건강하다. 착한 아이, 속 깊은 아이, 부모 말 잘 듣는 아이는 문제가 있다. 엄마가 사람들에게 쟤는 태어날 때부터 지금까지 한 번도 부모 애먹인 적이 없다고 날 자랑했다. 그 말을 들을 때마다 이상하게 화가 났다. 어려서부터 착한 딸이 되기 위해 애썼다는 뜻이다. 그래서 억압된 분노와 슬픔이 성인이 되어 가끔씩 튀어나오곤 했다. 이제는 내 분노의 감정, 슬픈 느낌을 가만히 들여다보고 그 감정을 다독여주는 연습이 필요하다.

나는 나에게 누구인가?

상담학교에서 수업시간에 이런 질문을 받았다. 나는 누구인가? 라는 질문은 종종 해보았지만 이런 질문은 처음이라 한참 생각했다.

나는 나에게 어떤 사람이지? 나는 나에게 친절하고 따뜻하게 대하지는 않는 것 같다. 오히려 질책을 많이 하고 엄격한 군대 조교 같은 느낌이랄까? 높은 기대치를 만들고 거기 도달하라고 다그친다. 그러다 기대에 못미치면 내가 더 상처 받는다. 착하고 똑똑하고 부지런하고 친절하고 의롭고 사랑 많은 사람이 되라고 한다. 이 세상에 그런 완벽한 사람은 없다. 내가 자꾸 이런 사람이 되려고 애쓰는 이유는 내 무의식속에 들어있는 아빠의 부재 때문인것 같다.

멋있고 몸짱에다 부부싸움 한번 안 한 경처가 우리 아빠(엄마 아빠는 서로 존댓말을 했다). 경찰관이셨던 아빠는 초등학교 2학년 때 암으로 돌아가셨다. 내 기억 속의 아빠는 앙상하게 누워있는 모습이었다. 단 1년간의 투병생활이 그동안 건강했던 모습을 다 잊게 만든 것이다. 죽음이 뭔지 몰랐던 나는 별로 울지 않았다. 누구 하나 죽음이 뭔지 어린 내가 이해할 수 있을 만큼 설명해주지 않았다(우리의 정서는 아이에게 죽음을 숨기거나 회피하려는 경향이 있다. 아이에게도 아이 수준에 맞는 설명과 이해가 필요하다). 가족관계를 배우면서 성인이 된 지금까지 한 번도 아빠의 죽음을 애도하지 않았음을 깨달았다. 성인아이는 아직도 돌아오지 않을 아빠를 기다리고 있었는지도 모른다. 아빠는 비록 짧은 생을 사셨지만 남들이 한평생 살면서 해줄

수 있는 일을 다 하고 가셨다. 이제 아빠에게 작별을 고한다. '아빠, 사랑해요. 천국에서 만나요~'

밑도 끝도 없는 공부

경험과 지식은 항상 같이 가야 균형을 이룰 수 있다. 경험만 많으면 자칫 고정관념이 될 수 있고 지식만 있어도 공허하거나 뜬구름 잡는 소리만 할 수 있을 것 같다. 누구나 마찬가지지만 필드에서의 경험은 언제나 지식의 한계에 부딪히게 한다. 아는 게 제대로 없으니 자신의 판단에 의존할 수밖에.

한국에서 쉬는 동안 이것저것 기웃거리며 그동안 부족했던 지식을 혼자 보충하고 있다.

리더로서 조직인사관리 등은 기본적으로 알아야 하기에 인터넷으로 MBA 단기과정을 신청했고(요즘 인터넷으로 MBA를 할 수 있는 곳이 많다), 빈곤에 관한 정치경제학적 시각, 사회적 경제를 통해 본 협동조합, 마을기업, 사회적 기업, 마케팅을 위한 경영학, 인간의 삶을 이해하게 하는 문화인류학, 생각을 바꾸게 하는 디자인혁신 등 국제개발관련 공부는 해도 해도 끝이 없는 듯하다(국제개발 하려면 이런 부분을 다 알아야 하는지 미리 걱정할 필요는 없다. 일 하다보면 어떤 부분이 부족한지 깨닫게 되고 좋은 자료들을 찾아서 독학하면 된다).

나의 경험이 자칫 고정관념으로 변질되기 쉽기에 새로운 것들을 배워나가면서 하나씩 깨뜨려나간다. 특히 그동안 해외에서 살면서 그 국가와 민족을 먼저 이해하지 못한 채 그저 지부장 노릇을 한 것 같다.

경험과 연륜을 앞세워 내 생각과 노하우가 우월하다 믿고 직원들이나 주민들의 의견을 귀담아듣지 않았던 것 같다. 편견과 선입견 없이 경청하는 자세가 중요하다. 문화인류학을 공부하면서 반성하게 되는 부분이다. 다른 문화를 알게 된다는 것은 자신의 문화적 가치들이 절대적인 것이 아님을 깨닫게 되고, 또한 자신의 문화를 더 잘 알 수 있는 기회가 되기도 한다.

·
·
·

세 번째 길

하쿠나 마타타의 나라 케냐

Kenya

세 번째 길

🫘 하쿠나 마타타의 나라 케냐

2014. 5 - 2016. 8

| Prologue |

아프리카가 날 자꾸 불렀다. 아마 '호텔 르완다'나 '블러드 다이아몬드'의 영향인지도 모르겠다. 휴직이 끝난 2014년 케냐로 입성했다. 평소 비행기 타는 것을 좋아했는데 아프리카를 다니면서 어느 순간 부담으로 다가왔다. 12시간의 비행은 삭신이 쑤시고 온몸을 뒤틀리게 만들었다. 나이로비 공항에 도착하니 사람들의 큰 덩치와 구릿빛 피부, 근엄한 표정에 기가 눌렸다. 작고 귀여운 느낌의 캄보디아 사람들에게 적응되어 있다 보니 그 간극이 더욱더 심하게 느껴졌다. 픽업 나오기로 한 사무실 운전사는 1시간을 기다려도 안 오고 새벽의 나이로비 공항은 너무 추워 덜덜 떨었던 것이 케냐에 도착한 첫날의 기억이다.

그때 우리 기관은 꽤 많은 사업을 수행하고 있었다. 수도 나이로비에만 3개의 도시 사업장이 있었고 그 중에 2곳은 쓰레기 마을에 위치해 있었다. 시골에도 3개의 사업장이 있었고 그 중 2곳은 마사이 마을이었다. 2년 4개월 동안 학교건축 및 교육지원, 영양급식지원, 의료보건, 조합운영을 통한 소득증대 등 마을운영위원회와 함께 지역에 의미 있는 변화를 일으키기 위한 무수한 프로그램을 운영했다. 자살폭탄테러가 가끔 일어나서 잠재되어 있던 아프간의 트라우마가 되살아나기도 했는데 그럴 때마다 이 유명한 스와힐리어는 큰 위안을 주었다. 하쿠나 마타타! No Problem!

식구란 맛있는 음식을 같이 먹는 것

카리부~ (환영합니다)

출근 첫날 직원들과 인사하고 짜이(차이로 발음하기도 한다. 블랙티에다 우유, 설탕을 넣어 마시는 차)를 함께 마셨다. 케냐에서는 커피보다 짜이를 즐겨마신다. 아프간에서도 가끔 마셨지만 케냐에서 마시는 짜이는 뭔가 색다른 게 케냐의 맛이 느껴진다.

인수인계 업무에 분주하다 정신 차리고 보니 12시가 넘어 있었다. '어, 점심시간이네.' 주변을 둘러보니 세상천지가 조용했다. 사무실 근처 숙소에 와서 점심을 간단하게 챙겨 먹다보니 다들 어떻게 점심을 해결하는지 궁금했다. 알고 봤더니 도시락 싸오는 직원, 인근 허름한 식당에서 먹는 직원, 그냥 짜이 한잔으로 때우는 직원 등 가지각색이다. 마음이 짠~하다. 한 끼는 제대로 먹여야 일 시킬 맛이 난다. 식구는 함께 밥 먹는 것을 뜻한다. 같이 먹어야 정이 든다(솔직하게 말하자면, 더울 줄 알았던 케냐는 생각보다 추워 숙소가 썰렁하게 느껴진다. 혼자 아침 먹고 점심도 혼자, 저녁도 혼자 먹어야 하는 게 서글퍼서 인지도 모르겠다). 혹 직원들이 나랑 같이 먹는 게 부담스러울 수도 있겠지만 난 먹을 때 절대 일 얘기 안한다.

리더급 직원들과 의논하니 다들 기다렸다는 듯 사무실에서 식사 제공하면 좋겠다는 의견이었다. 대부분 아침을 안 먹고 온다는데 오죽 배가 고팠을까? 예산을 점검해보고 기관과 직원이 점심값을 반반씩 내기로 합의하고 당장 다음날부터 실행했다. 클리너 마가렛 아줌마가 요리솜씨를 뽐내 주었다. 이제 2주 정도 지났는데 매일 메뉴가 다르다. 고기를 밥에 넣고 볶은 팔라오밥(아프간이랑 비슷하다), 우갈리(옥수수 가루에 뜨거운 물로 익힌 우리나라 백설기 같은 것으로 밥 대신 먹는데 솔직히 별 맛 없다), 수쿠마 (케일을 기름에 볶은 반찬으로 좀 아쉽다. 이 건강에 좋은 케일을 소금을 잔뜩 넣어 싸구려 돼지기름에 볶다니…), 짜파티(내가 제일 좋아하는 음식으로 밀가루를 반죽해 부침개처럼 구워 고기나 반찬을 싸먹는다) 그리고 붉은 콩을 삶아 밥 위에 얹어 먹는 요리는 진짜 콩밥 먹는 느낌이다.(덜 자주 나왔으면 좋겠지만 이것도 제대로 못 먹는 사람들을 생각해서 샷업!)

이렇게 함께 먹으니 직원들이 참 좋아한다. 먹으면서 가족얘기, 여자친구 얘기, 뉴스의 사건사고, 정치이슈 등을 도란도란 얘기한다. 직원들의 종족이 다르니 영어(케냐인은 초등학교 때부터 영어로 수업해서 일부 오지를 제외하고는 네이티브 수준의 영어를 쓴다), 스와힐리어, 마사이어, 부족어 등이 어우러져 진짜 인터내셔널하다. 내가 있는데서 자기들끼리 얘기할 때는 가급적 영어를 안 쓰는 것 같다. 무슨 비밀얘기를 하는거지? 빨리 스와힐리어를 배워야겠다. 케냐에 온 게 실감난다.

트라우마

아프가니스탄에서 살 때는 몰랐다. 시간이 흐르고 테러 발생국에 오면서 내재되었던 불안과 공포가 밀려왔다. 아프가니스탄에서 귀국한 직후 트라우마 치료를 받았어야 했다.

2013년 9월 무장단체 알샤바브가 나이로비의 가장 큰 쇼핑몰인 웨스트게이트에서 일으킨 테러로 72명이 사망하고 200여명이 다쳤다. 내가 오기 몇 개월 전에 일어난 사건이지만 가끔 들리는 굉음에 심장이 뛰고 불안해진다. 마트에 가서도 주위를 둘러보고 비상탈출구를 확인한다(케냐는 쇼핑몰이나 관공서에 들어가려면 Security Check를 통과해야 한다. 가방이나 몸 수색 후 들어갈 수 있다. 게이트에서는 경찰들이 항상 차량 점검도 한다).

케냐는 테러뿐 아니라 외국인에 대한 강도사건도 빈번하게 일어난다. 대낮에도 현금과 핸드폰을 빼앗기는 것은 다반사고 생명까지 잃기도 한다. 선교사님들은 100달러 정도는 생명보험처럼 지니고 다니다가 유사시에는 줘 버리라고 충고하신다. 오래 사신 분들은 강도가 찾아와 다 털어가는 경험이 한번씩은 다 있다며 주변에 가까운 사람들과 내통하는 것으로 의심된다고 하셨다. 강도 당했을 때는 먼저 고개를 숙이고(얼굴을 쳐다보면 안 된다) 두 손을 들고 있어야 한다. 그리고 시키는 대로 해야 무사할 수 있다. 아시아와는 전혀 다른 분위기라 살벌하다.

쇼핑몰 내에 있는 은행이라고 안전하지는 않다. 목표를 주시하고 있다가 은행에서 나와 차량에 탑승하면 곧바로 문을 열고 흉기를 들이대는 경우도 많아 외국인들은 가능하면 은행 가까이에 차를 주차시키고 은행에서 나올 때는 재빠르게 차량에 탑승해서 빠져나간다. 강도행각은 현지인들을 대상으로도 일어난다. 우리 직원은 얼마 전 출근할 때 차 안에서 누군가가 독극물 스프레이를 뿌리고 핸드폰과 랩탑, 현금을 뒤져 달아났다. 이 친구는 며칠 병가를 낸 후 핼쑥해져 출근했다.

어디든 따라다니는 이 불안함을 극복하고자 트라우마 관련 책을 읽고 컬러링 북에 색칠하며 셀프 치유를 해보기도 했다. 심리상담 받는 것도 좋은 방법인데 그걸 못한 게 아쉽다. 트라우마든 스트레스든 그때그때 풀고 가야 한다. 아니면 육체적 질병으로 곧 나타나게 된다. 살면서 경험이 항상 좋은 것만은 아니라는 걸 깨닫는다. 때로는 모르는 게 약일 때도 있다.

같은 숙소에 사는 남자 봉사단원들이 밤 11시가 넘었는데도 연락 없이 안 들어오고 있다. 9시가 귀가 시간인데. 보통 여자단원들이 많이 오는데 이번엔 두 남자가 와서 좋으면서도(?) 사고 칠까 신경 쓰였다. 이들은 도착 첫날부터 사고 쳤다. 쇼핑몰에서 핸드폰으로 사진촬영하다 경비원에게 끌려갔었다. 수도 나이로비에는 테러 때문에 사진촬영이 금지되어 있다. 결국 벌금을 낸 후 풀려났었다.

핸드폰을 몇 번이나 쳐다보다 무슨 일이라도 생긴 게 아닌지 걱정되어 전화했다. 근데 이 녀석들이 쇼핑몰에서 여자단원들과 천하태평으로 놀고 자빠졌다. 한창 돌아다닐 20대의 건장한 청년들이니 이해는 된다. 카톡문자 하나라도 보냈더라면 걱정 안했을텐데. 그냥 12시까지만 들어오라고 했으면 좋았을 것을 욱해서 소리를 지르고 말았다.

"지금 당장 안 들어올 거면 내일 당장 보따리 싸!"

이들은 정말 눈썹이 휘날리도록 달려왔다. 그리고 이들이 사고만 친게 아님을 밝혀둔다. 화이트데이 때 설탕으로 사탕을 만들어서 선물로 주기도 하는 등 가끔 감동을 주기도 했다.

쓰레기 더미 위에서 피어나는 희망

케냐에는 쓰레기 마을로 불리는 곳이 몇 군데 있다. 국제환경위원회의 조사에 따르면 나이로비를 포함해 6개 도시에서 매일 육천 톤 정도의 쓰레기가 발생되고 있으며 그 중 2천톤 가량은 수거되지 않고 방치되어 있다. 나이로비는 그나마 80%가 수거되지만 나머지는 처리되지 못하고 있는 실정이다. 산더미 같이 쌓인 쓰레기에서 나오는 악취, 메탄가스, 온실가스

저건···?
...공인가..?

로 인해 매립지 주변의 환경오염이 심각한 상태다.

　수도 나이로비 중심가에서 그리 멀지 않은 곳에 두 군데의 대규모 쓰레기 마을이 있다. 그 중 고로고쵸라는 곳에 우리 도시 사업장이 들어서 있다. 고로고쵸는 수십만 명(100만 명이라고 보는 사람도 있다)의 사람들이 쓰레기 산을 터전 삼아 살아가고 있다. 이 마을에 도착하기도 전에 코를 찌르는 냄새와 함께 높은 산을 형성한 쓰레기 더미가 멀리서 보인다. 바람이 불 때면 비닐종이가 펄펄 날아다녀 묘한 풍경을 연출한다. 양철 지붕의 판자촌은 다닥다닥 붙은 두 세평 남짓한 방안에 대여섯 명의 사람들이 살고 있다. 실업자나 저임금 노동자, 혹은 하루 종일 쓰레기를 주워 번 돈으로 생계를 이어 나가는 사람들이 대부분이다.

나이로비 도심에서 나온 각종 쓰레기들이 이곳에 도착하면 아이 어른 할 것 없이 모여들어 좋은 물건들을 고르기에 여념이 없다. 물론 우선순위가 있다. 아이들은 어른들이 훑고 지나간 자리에 다가갈 수 있다. 여기서 나온 양호한 물건들은 다시 이 동네 가게에서 중고물품으로 팔린다. 잘 찾으면 꽤 쓸 만한 물건들도 보인다. 여성과 아이들은 하루 종일 이곳에서 비닐을 주워 우리 돈으로 몇 백원을 벌기도 한다. 사람들이 지나간 자리에는 가축들이 떼를 지어 와서 먹이를 찾는다.

이곳의 화장실 문제는 심각하다. 화장실을 갖춘 집은 전체 30퍼센트 미만이다. 우리 돈으로 이용료 3~40원 하는 유료공동화장실이 있어도 돈이 없는 사람에게는 언감생심이다. 그래서 대부분의 사람들은 Flying Toilet(플라잉 토일렛)으로 해결한다. 비닐봉투에다 해결한 후 묶어서 지붕 위나 밖으로 내던지기에 날아가는 화장실이라고 불린다. 무분별하게 버려지는 이 화장실로 인해 악취는 가중되고 환경오염 또한 심각하다. 그 오염된 강가에서 아이들이 해맑게 물놀이를 하고 씻기도 한다. 비위생적인 환경은 콜레라, 장티푸스 감염률을 높인다. 말라리아, 피부질환도 상당하다.

밤이 되면 이곳은 무법천지가 된다. 강도, 강간, 폭력 사건이 수시로 발생하여 우리도 사업장에 방문했다가 어둡기 전에 나오고 현지 직원들도 가급적 빨리 퇴근한다. 한국에서 미디어팀이나 봉사활동팀이 방문할 때면 경찰을 반드시 대동해야 한다.

처음 현장을 방문한 외부인들은 주민들의 삶을 안타까워하며 환경개선을 위한 아이디어를 이것저것 내보지만 사실 그간 노력이 없었던 것은 아니다. 국내외의 혁신기업들과 전문가, 활동가들의 노력은 예전부터 지금까지 이어져 오고 있다. 오염된 물을 정화하여 상수도로 공급하거나, 친환경 유료공중화장실을 건축하는 기업, 쓰레기 폐기물이나 오폐수로부터 발생하는 유해 가스로 에너지원을 만들어 폐기물 처리와 전력 생산을 동시에 추진하려는 기업, 화장실에서 나오는 바이오가스를 재활용하여 그 가스가 주민들의 주방에서 요리하거나 공동취사장에서 사용되게 하는

NGO, 빌 게이츠 재단에서 지원하는 화장실 프로젝트로 다양한 시도를 하는 기관 등… 많은 이들이 혁신적인 아이디어를 떠올리고 이곳에 맞게 적용하고자 끊임없이 노력해 왔다. 하지만 시행착오가 잦고 효과가 미미하다는 평가가 있는 것으로 보아 눈에 띄게 성과를 낸 프로젝트는 아직 없었나 보다. 그래도 포기하지 않고 이들이 좀 더 나은 삶을 살도록 연구하고 노력하는 사람들이 있기에 쓰레기 마을의 미래가 어둡지만은 않다. 또한 외부인들의 노력도 중요하지만 그곳에 살고 있는 주민들 또한 의식변화가 따라주어야 한다. 함께 노력해야 성공률이 높다.

아동과 청소년 프로그램

세상의 모든 아이들은 다 예쁘다. 부잣집이건 가난한 집 아이건 다 예쁘다. 아프간에서는 그곳 아이들이, 캄보디아에서는 캄보디아 아이가, 이곳 케냐에 오니 또 케냐 아이들이 그렇게 예쁠 수가 없다(각 국가 지부장들이 모이면 서로 자기네 아이들이 제일 예쁘다고 난리다).

이렇게 예쁜 아이들이 열악한 환경으로 인해 꿈과 희망을 잃고 살아가게 해서는 안 된다. 그래서 나는 오자마자 각 사업장 직원들에게 기존에 하고 있던 교육 프로그램을 더 확대시키거나 아이들의 재능을 발굴할 수 있는 새로운 프로그램 개발하라고 독려했다. 몇 달이 흐른 지금 그 결과물들이 눈에 보이기 시작한다.

쓰레기 마을에 위치한 고로고초 사업장에서는 아동클럽을 운영하고 있다. 아동클럽은 노래와 연극에 재능 있는 아동들을 선발하여 아동권리에 관한 노래와 스킷 드라마로 훈련시키고 지역사회와 학교에서 공연을 하게 한다. 이 공연을 통해 지역사회의 아동권리에 대한 이해도가 높아지며 부모들도 자신이 그동안 아이들에 대한 책임과 의무를 다 했는지 돌아보게 될 것이다.

청소년 인형극 동아리는 청소년들에게 인형극 공연을 훈련시켜 각 학교나 지역을 방문하면서 공연하는 프로그램이다. 아동학대를 예방하기 위해 아동의 교육받을 권리, 성적인 권리 등에 관한 내용을 인형극으로 연출하는데 아이들이 참 좋아하는 인기 프로그램이다. 성교육도 함께 진행하는데 남녀의 성적인 차이, 성역할, 권리 등에 관한 교육을 실시한다. 마사이 마을에서 시작했는데 반응이 좋아 도시 사업장에서도 성교육용 인형을 제작했다. 이 인형은 보통 인형과는 다르게 남녀 구분이 뚜렷하며 성교육에 특별히 적합하도록 제작되었다(그래서 처음엔 조금 어색하기도 했었다). 직원들이 케냐에 맞게 인형 색깔도 브라운 색으로 제작했다.

또 청소년 동아리 팀 중에는 남학생들 중심의 댄스 동아리가 있는데 지역의 한 행사에 초대되어 댄스공연을 펼쳤다. 변변한 옷이나 신발도 없이 대부분 맨발에 몇몇은 쪼리를 신고 춤을 추었는데 브레이크 댄스, 공중 2회

돌기 등 거의 프로수준이라 엄청난 탄성과 박수를 받기도 했다.

우리가 운영하는 교육 프로그램 중 Mobile School이라는 독특한 프로그램이 있다. 우리 기관과 Goal IRELAND, Mobile School International과 협력하여 진행하는 프로그램이다. Goal IRELAND에서는 운영비를 지원하고 Mobile School International에서는 프로그램 매뉴얼을 개발하는 역할을 한다. 우리는 프로그램을 총괄하고 교사를 고용하여 인건비를 지원한다.

움직이는 학교 내지는 이동 학교라고 번역할 수 있는데 가장 적절한 표현은 찾아가는 학교가 맞는 것 같다. 바퀴 달린 칠판을 가지고 지역사회로 가서 학교에 다니지 못하는 아이들을 찾아가는 학교. 칠판에 바퀴가 달려있어 차량에 실어 어디든 이동 가능하다. 빈 공터나 나무그늘 밑, 혹 여유가 되면 텐트나 천막을 치고 공부할 수도 있다. 노마드 생활을 해야 하는 유목민들에게도 좋은 프로그램이 될 것이다.

현재 고로고초 지역에서 여러 가지 사정으로 학교에 다니지 못하는 아이들이 와서 무료로 교육받고 있다. 일주일에 3회 운영되고 금요일에는 교사가 가정방문도 한다. 커리큘럼은 읽고 쓰기, 수리적 사고, 인권, 보건교육 등이다. 작년 한해 참석한 누적수가 1,200여명이나 되었다. 여러 가지 사정으로 학교 밖에 있는 아이들이 이 프로그램을 통해서 교육의 기회를 놓치지 않도록, 교육의 영향력이 조금이라도 더 미칠 수 있도록 지원하고 있다. 학교에 다니지 못해 소외감을 느끼는 아이들도 꿈과 희망을 가질 수 있도록 오늘도 지역사회를 향해 바퀴 달린 칠판은 굴러가고 있다.

케냐의 모바일 혁신

캄보디아에서 살 때는 월세에 공과금이 모두 포함된 집에서 살아 다른 것엔 별 신경 안 쓰고 살았는데 케냐는 전기. 수도세를 한국처럼 고지서를 받고 납부해야 하는 형태. 처음엔 납부 장소가 어딘지 어떻게 납부해야 하는지 몰라 난감했다. 그때 직원이 '엠페사 서비스'라는 것을 알려줬다. M은 모바일, 페사는 스와힐리어로 돈이라는 뜻으로 모바일 머니 서비스다. 내 핸드폰을 통신사에 등록할 때 엠페사도 등록하면 간편 결제 시스템이 된다고 했다. 핸드폰에 있는 엠페사로 공과금 납부와 송금도 가능하다고 했다. 처음엔 솔직히 신뢰가 안 갔다. 뭔가 위험할 것 같고 안정성이 확보되지 않을 것 같았다. 처음엔 사용하지 않다가 한번 실험적으로 사용해 보니 수수료가 있긴 하지만 정말 간편했다. 각종 공과금 납부, 송금 뿐만 아니라 마트에서 장을 보고 결제할 때도 엠페사로 간단하게 처리했다. 해외에선 대게 선불폰이라 데이터가 얼마 남았는지 매번 확인한 후 크레딧 카드를 구입해서 숫자 입력해 충전했는데 엠페사로 쉽게 충전할 수 있어 편리했다. 그 다음부터 엠페사 애호가가 되었다. 왜 한국에선 이런 간단한 서비스를 도입하지 않지? 인터넷 뱅킹을 하더라도 공인인증서가 있어야 하고 그것도 만료되면 다시 신청해서 핸드폰 본인 확인을 거쳐야 하는데 해외에 있으니 불가능하다. 핸드폰 하나로 대부분을 처리할 수 있는 이런 혁신적인 것을 왜 도입하지 않는지 모르겠다. 핸드폰 요금도 본인의 실제 사용과 상관없이 정액제로 지불하는데 선불폰으로 자기가 쓴 만큼만 내면 좋을 텐데. 엠페사 서비스를 시행하면 은행들이 어려워질 수도 있을 것 같다. 여러 가지 이해관계가 걸려 있으니 이런 시스템의 도입이 쉽지는 않을 것이다.

미 경제지 포춘은 2015년 세상을 바꾸는 기업으로 구글을 제치고 사파리콤과 보다폰을 1위로 선정했다. 이들이 2007년 이 서비스를 출시한 이후 케냐 성인 인구의 절반 이상이 엠페사를 이용하고 있다. 현재 탄자니아, 남아공, 인도 등으로 점점 확산되고 있다.

케냐인은 은행계좌가 없는 사람이 많다. 시골지역에는 은행 접근성이 낮아 대부분 현금으로 거래하거나 오지의 경우 위험을 감수하고 버스 기사편으로 부탁하기도 한다. 사파리콤은 은행 접근성이 낮은 케냐에서 휴대전화 가입률이(저렴한 중국제품을 많이 사용함) 높다는데 주목했고 광범위한 서비스를 위해 음료수와 생필품을 파는 구멍가게를 대리점으로 활용했다. 사용방법은 간단하다. 엠페사 로고가 있는 동네 잡화점에 신분증과 핸드폰 번호를 주면 엠페사 계좌를 만든다. 현금을 건네면 대리점 주인은 그 금액만큼 가입자의 엠페사 계정으로 보낸다. 송금할 때는 휴대전화에 상대방 전화번호와 송금액을 누르고 전송버튼만 누르면 된다. 송금 받을 때는 문자 메시지가 온다. 현금 인출시에는 잡화점에 가서 신분증 확인 뒤 돈을 받을 수 있다. 이체나 인출 때는 금액에 따라 수수료가 붙는다. 엠페사는 송금, 공과금과 보험료 납부, 쇼핑, 월급 지불, 대출 등으로 영역을 확대했다.

모바일 송금이라는 혁신적인 아이디어와 기술은 그 동안 은행을 이용할 수 없었던 가난한 사람들도 고객으로 만들 수 있었다. 우리가 그동안 원조의 대상으로만 바라봤던 빈곤층은 그들이 모였을 때 거대한 소비층도 될 수 있다는 것을 보여주고 있다.

하라카 하라카와 폴레폴레

스와힐리어 중 가장 먼저 배운 말이 '잠보'(안녕하세요) 와 '하라카 하라카'(빨리빨리)다. 그만큼 내 입장에서 볼 때 이들이 너무 느린 것이다.

'그래~ 케냐 사람들이 느린 게 아니야. 우리가 빠른 거야. 세계 최대 속도의 인터넷에 길들여진 우리 속도를 따라올 사람이 흔치 않지. 케냐 사람들이 느리다고 불평할게 아니야.' 이렇게 하루에도 몇 번씩 스스로를 위로한다. 이미 두 나라를 경험했지만 거긴 아시아 문화권이라 우리와 비슷한점이 많았지만 이곳은 대륙을 뛰어넘는 곳이니 다름과 차이를 뼈저리게실감한다.

우선 은행에서는 손님이 별로 없어도 기본 30분을 기다린다. 손님 우선이 아니라 자기가 하고 있는 업무가 우선이다. 개인 전화가 오면 '용건만간단히'가 아니라 가족사, 연애사 등 별 이야기를 다한다. 전화에 집중하니 당연히 업무는 진도가 안 나간다(한국인은 동시에 두 가지 일을 완벽하게 해낸다. 진짜 대단한 능력이다).

나이로비에서 가장 큰 마트의 계산대에서는 물건 하나에 1초면 찍는바코드를 느낌상 10초는 족히 걸리는 듯하다. '곧' 온다는 건축업자가 며칠이 지나도 안 와서 다시 연락하면 또 '곧' 오겠다는 말을 한다.

내가 영어가 짧아서 잘못 이해했나 싶어 그들이 잘 쓰는 단어인 '곧, 당장, 바로, 즉시'를 사전에서 다시 찾아보기도 했다. 'at once, straightway, immediately, soon, shortly.' 아무리 봐도 내가 이해하고 있는 게 맞는것 같은데…

사무실에 거의 다 왔다는 손님은 1시간을 기다려도 감감무소식이다.

'거의 다'라는 게 한국에서는 어림잡아 5분에서 10분 안에 도착하는 것인데 케냐에서는 몇 분을 뜻하는 것인지 한번 물어봐야겠다. 그러면 나도 목빠지게 기다리지 않고 케냐 타임에 적응할 수 있을 것이다.

어떤 한인분이 문화적인 차이를 이렇게 설명하셨다. 한국인들은 어릴 때부터 시간훈련을 잘 받아서 시간중심의 사고를 하지만 케냐 사람들은 상황 중심으로 훈련돼서 느릴 수밖에 없다는 것이다. 예를 들어 교통사고 현장을 보면 우리는 차를 천천히 몰면서 곁눈으로 사고 현장을 보다가 약속시간 때문에 현장을 떠나지만 이들은 멈춰 서서 사고현장을 지켜보고 상황이 어떻게 처리되는지를 본 후 떠난다고 했다. 여기 살면 살수록 참 공감되는 얘기다.

문화적인 차이, 사고방식의 다름, 그 차이를 이해해야 한다. 때론 이해되지 않더라도 그냥 받아들이는 것도 필요하다. 사실 시간이라는 것은 훔칠 수도 빼앗길 수도 없는 그냥 그대로 존재하는 것이고 인간이 시간이라는 것에 의미를 부여해서 나누고 쪼개는 것이리라. 효율성과 효과성의 잣대에 익숙한 나는 아프리카를 새로운 시각과 신기함으로 바라볼 수밖에 없는 것 같다. 그래도 나는 매일 '하라카 하라카!'를 외치고 직원들은 '폴레 폴레!'(천천히)로 일한다.

공항에서 추방당할 뻔하다

12시간 이상을 잤나보다. 어제의 악몽을 지우려는 듯.

회의 차 한국에 갔다가 돌아오는 길이었다. 인천을 출발, 아랍에미레이트를 경유해서 15시간 만에 케냐 땅을 밟았건만 입국장에서 이민국 사무실로 끌려갔다. 입국장에서 여느 때처럼 관광비자를 신청했더니 그동안 관광비자로 너무 오래 있었단다. 3개월짜리 관광비자는 3번 연장신청 할 수 있다. 이 말은 9개월이 끝나기 전에 워크 퍼밋을 받아야 한다는 것인데 케냐의 NGO 워크퍼밋은 1년 내에 받기가 쉽지 않다. 그러니 관광비자로 연장하는 수밖에 없다.

　워크퍼밋을 신청했으며 이제 곧 나올 것이니 이번만 관광 비자를 달라고 했다. 워크퍼밋 관련서류를 가져오란다. 우리 직원에게 전화해 서류 가져다 달라고 요청하고 앉으니 책임자라는 사람은 보란 듯이 내 여권을 자기 서랍에다 쏙 넣어버렸다. 거기까진 참을 만했다. 그는 열쇠로 서랍을 잠근 후 그 열쇠를 손가락에 걸고 딸랑거리면서 세상에서 가장 비열한 미소를 지었다. '뭐 저런 인간이 있을까?' 주머니에 100달러가 있어 그것으로 해결할까 하다가 그만두었다. 직원이 치킨을 가져오자 쪽쪽 뜯고 빨고 난리다. 치킨 먹는 소리가 저렇게 요란한지 처음 알았다. 그때 내 핸드폰이 울렸고 우리 직원의 지인이 책임자와 통화를 원했다. 내 핸드폰을 주며 누가 당신과 통화를 원한다 하니 신경질을 버럭 낸다. 5분 기다려! 먹을 땐 개도 안 건드린다는 한국 속담이 여기서도 통하나보다. '그래, 마이 쳐묵어라~'

　케냐는 NGO 워크퍼밋을 신청하면 1년 이상 걸리고 비용도 어마무시하다. 기관대표자에게도 이러한데 일반스텝들은 더 까다롭고 거부될 때도 많아 NGO들의 시름이 갈수록 커지고 있다. 그 이유는 NGO 보다는 비즈니스를 장려하려는 정부정책과 국제 NGO가 많고 힘을 키울수록 정부와 권력층의 독재정치에 걸림돌이 되니 그걸 견제하려는 이유, 그리고

NGO가 존재하더라도 외국인이 아니라 케냐인으로 로컬 리더십을 세우기 위함일 거라는게 대부분의 분석이다. 캄보디아의 경우 NGO 스텝이라고 하면 공항에서 가방도 체크 안하고 그냥 보내주고 우대가 많았는데 케냐는 NGO 직원이라고 하면 더 까다롭게 군다.

2시간이 지났다. 여러 사람과 통화했고 서류를 보여줬음에도 기다린 보람 없이 그는 이렇게 말했다.

"한국 돌아가!"

이젠 주변 도움을 더 이상 기대할 수 없음을 깨닫고 이판사판으로 나갔다.

"나 인터네셔널 NGO 지부장인데 100명의 직원들이 기다리고 있어요. 내일 직원 월급도 줘야하고 60여 군데 초등학교에 급식비도 지급해야 하는데... 수 천명의 아동들이 당신 때문에 굶을 거에요."

"I don't care." 상관없다며 사무실 밖에서 기다리라며 쫓아냈다.

다시 한 시간이 지났다. 자기 나라 도와주러 온 사람한테 정말 예의가 없다. 화가 치밀어 올라 다시 사무실에 들어갔다.

"내 여권 주시죠."

"당신 추방이야."

"나 한국 안 갈 건데."

"내가 오늘 밤 안으로 반드시 돌려보낼 건데."

"난 절대 안 돌아가. 난 케냐를 사랑해."

이런 대화가 30여분 오가고 결국 귀찮았는지 이민국 직원에게 내 여권 던져 주면서 말했다.

"이 여자 비자 2주 만 주고 쫓아내!"

정말 2주 만 주었는지 확인해보니 한 달을 주었다(원래는 3개월을 줘야한다). 그래도 감사할 뿐이다. 한 달 안에 워크퍼밋 나오기만 하면 된다. 우리 담당직원 닦달 좀 해야겠다.

마사이 마을 유치원 졸업식

오늘 마사이 마을의 유치원 졸업식에 참석했다. 열 댓명의 꼬마들이 자기보다 더 큰 졸업가운을 입고 뜨거운 햇빛 아래 앉아 있었다. 거의 4시간이 걸리는 행사였는데 애들이 이런 일에 익숙한 듯 잘 참고 있다. 마을 유지, 교장, 교사 등 수많은 사람들이 인사말, 축사를 했다. 그 후 축하공연을 하는 듯 한 무리의 마사이 전사들이 나와서 춤추고 노래하고, 뒤를 이어 꼬마 전사들이 나와서 춤을 춘다. 온 몸을 흔들면서 걷고 펄쩍펄쩍 높이뛰기를 하는 단순한 춤이다. 다음은 선물 증정식을 한다며 나보고 나오라고 했다. 그동안 수고한 선생님에게 선물을 전달하라고 하는데 둘러보니 선물이 안 보인다. 선물 어디 있냐고 하니 옆을 가리킨다. 다갈색 어린 염소 한 마리가 옆에 있다. 어떻게 전달하냐고 물으니 들어 올리란다. 허걱! 옆에 있던 몇 분이 같이 들어 올려 주었다. 춤추는 동작으로 걸으면서 선생님께 전달하는 게 재밌다. 어린 염소가 많이 놀랐겠다.

케냐에 온지 며칠 지났을 때 탄자니아 국경 근처에 위치한 사업장을 방문한 적이 있다. 문 앞에서 붉은 망토를 두른 마사이 아저씨가 인사를 했다. 말로만 듣던 마사이족이었다.

키가 거의 2미터는 됨 직하고 손에는 작대기를 들었다. 웃을 때 아랫니 하나가 빠져있었다. 귀가 특이했는데 귓불 중앙이 뚫려 있었고 거의 5센치 정도는 늘어져 있었다. 말로만 듣던 마사이족의 첫 인상은 순한 이웃집 아저씨 같았다.

한국사람들에게 마사이족은 붉은 망토를 걸치고 다니며 작대기나 맨손으로 사자를 때려잡는 용맹한 부족으로 알려져 있다. 성년에 들어서면 앞니를 빼고 귀를 뚫어 늘어뜨려 전사의 모습으로 변모한다. 예전엔 대다수가 유목민의 생활을 했지만 아프리카 땅이 점차 사막화가 되어가면서 이제는 대부분 정착민의 생활로 들어서고 있다.

마사이 사업장들은 경치도 아름다운데 더 아름답게 느껴지는 것은 따뜻한 동네 사람들이다. 말도 많고 먹을 것도 좋아하는 나는 마사이족 시골 아낙네들의 수다스러움과 먹을 것 챙겨주는 모습에 저절로 힐링이 된다. 마을 어르신들은 겉으로 보기엔 우리 시골동네 할아버지들처럼 인자해 보이지만 마사이 부족 내에서는 공경과 권위의 대상이다. 한번은 동네 청년이 술이 취해 정신을 못 차리자 어르신들이 들고 있던 작대기로 후려치며 훈계하는 광경도 본 적이 있다.

마사이 마을은 마사이 시간으로 흘러간다. 모든 게 느리다. 아프리카 사람들이 느리다지만 이곳은 3배 정도는 더 느리다. 그래서 마사이 시간에 맞추어 살아야 한다. 그래서 업무를 진행할 때 이 지역은 사업기간을 더 넉넉히 둔다. 어차피 모든 프로젝트는 이들 마사이 지역주민을 위한 것이기에…

나의 역할은 가르치고 나누는 것 뿐 아니라 배우기도 하고 받기도 하는 것이다. 가난한 사람들이 사랑하는 마음으로 준 선물에 대한 감사한 마음이 내가 그들을 위해 가치 있는 일을 하려 애쓰는 것보다 중요함을 깨닫는다. 선물은 물건 자체의 가치도 소중하지만 준비하는 과정에서의 소중한 시간과 녹아있는 마음이 더욱 소중하다. 구슬 하나하나 실에 끼면서 흐르는 시간 사이로 선물 받을 사람에 대한 사랑이 스며져 들어간다. 평생 간직하고픈 소중한 선물을 오늘 받았다. 내 이름을 직접 새겨 만든 마사이 전통 팔찌다.

직원 결혼하던 날

사무실 여직원 결혼식 날이다. 아침부터 평소 안하던 화장을 하고 멋을 부렸다. 케냐의 결혼식은 어떤지 궁금하다. 한국스텝들과 모여 야외 결혼식장에 들어섰다. 초대장에 10시에 시작한다고 해서 10시에 갔는데 손님들이 별로 안 보인다. 케냐 타임을 생각하며 근처 카페에서 차 한잔 하다 다시 갔다. 그래도 시작을 안 하다가 12시가 넘어 시작되었다. 신랑이 묵직하고 건장하다. 하얀 드레스 차림의 신부는 사무실에서 우리가 매일 보던 그 여직원이 아닌 어여쁜 모습으로 변신해 있었다. 한국의 신부처럼 조신한 모습이 아니라 깔깔 웃고 몸도 흔들거리며 까분다.

이 기독교식 결혼식은 참 길기도 하다. 한 사람씩 나와서 기도하는데 한 사람의 기도시간이 무지 길다. 거의 10분은 족히 넘을 것 같다. 그 다음 주례사가 이어지는데 목사님인 듯 보이는 여성분의 기나긴 설교가 이어졌다(신랑신부가 참 힘들겠다). 스와힐리어라서 무슨 말인지 모르겠다. 사람들을 웃기기도 하고 혼내기도 하는 듯, 주례사라기 보다는 정치인이 연설하는 것 같다. 얼마 전에 로컬교회에 갔다가 식겁했다. 예배시간이 무려 3시간이었고 그 중 목사님의 설교가 2시간이었다. 그렇게 3시간 동안 알아듣지도 못하는 스와힐리어 예배를 한숨 쉬다, 졸다가 하면서 버텨내었다. 엄청 은혜로왔지 않냐며 계속 같이 다니자는 직원의 말에 혼비백산해서 도망쳤었다.

1시간을 햇빛에 앉아있으니 피부가 금방 벌겋게 달아오르고 어질어질하다. 이럴 줄 알았으면 스카프를 챙겨오는 건데. 햇빛을 피하려고 자세를 이리저리 바꾸고 가방을 올렸다 내렸다 하며 그늘을 만들었다.

수도 나이로비는 고산지대라 다른 지역에 비해 연중 시원한 편이다. 한국의 가을 날씨와 비슷하여 날씨만 보면 축복받은 나라라고 할 수 있다. 특히 7,8월에는 한인들도 파카를 입을 정도로 추위가 느껴진다(아프리카는 다 무더운 줄 알지만 케냐, 에티오피아, 르완다 등은 고산지대가 많아 선선하다). 케냐는 시원하다는 말에 처음 올 땐 얇고 긴 옷들만 가져왔다가 제대로 떨었다. 시원한 게 아니라 추웠다. 그래서 한국 갔다 올 때 두꺼운 옷들만 챙겨왔다. 이 맘때는 발이 시렵고 입에서 입김이 나올 정도로 쌀쌀하다. 온돌이나 보일러같은 난방시설이 없으니 한국사람은 전기담요나 전기히터가 필요하다. 나는 5월부터 10월까지 거의 6개월간 전기담요를 사용했다 (같은 케냐라도 북쪽지역은 고온건조한 사막기후이고 동부지역은 고온다습해서 꽤 덥다).

하지만 아무리 선선한 날씨라도 한낮의 땡볕은 따가울 정도로 강해 화상을 입은 듯 피부가 따갑다(출장 시 스카프를 꼭 챙긴다. 머리와 얼굴을 가리기 위해).

드디어 2시간 만에 식이 끝났다! 허기진 배를 부여잡고 밥 먹으러 가자며 벌떡 일어서는데 누가 잡는다. 이번에는 신랑신부 사진촬영 시간이니 끝나길 기다려야 한단다. 몇 커트 찍으면 끝나는 한국의 결혼식을 생각하며 또 기다렸는데 그것도 1시간 넘도록 안 끝난다. 밥 먹고 빨리 집에 가야겠다며 후다닥 밥 먹고 나오니 예의가 아니라며 또 잡는다. 댄스파티가 또 기다리고 있었다.

춤과 노래는 밤까지 이어졌다. 다음에 또 누가 결혼한다고 하면 반드시 밥을 든든하게 먹고 가능하면 늦게, 느긋하게 가야겠다. 자꾸 케냐타임을 잊어버려서 탈이다. 몸이 고달프다

마사이 시골마을에서 처음 열린 벼룩시장

며칠 전 퇴근해서 집에 오니 봉사단원이 방 정리를 하고 있었다. 마사이 마을에서 1년 간 봉사활동을 마치고 곧 한국으로 돌아가는 그녀는 헌옷이랑 남은 물품을 박스에 담고 있었다. 누구 줄 거냐고 물었더니 그동안 친하게 지냈던 마사이 친구들과 사업장 직원들에게 나눠줄거라 한다. 공짜로 주는 것보다 파는 게 어떻겠냐고 했더니 잠시 망설였다.

단원들이 활동종료 시기가 오면 직원들이나 이웃 주민들은 떠나기 전에 미리 마음에 드는 물건을 찜해 놓는다고 했다. 헌옷에서부터 핸드폰, 노트북 등 꽤 값이 나가는 것도 있다. 그동안 하나같이 착한 단원들은 달라는 대로 다 주고 갔으니 주민들은 그런 습성에 길들여진 거다. 단원에게 주민자립을 목표로 하는 우리가 구걸 근성에 일조하는 것은 아닌 것 같다고 작은 것에서부터 실천해 나가야 하지 않겠냐고 했다. 사실 그냥 줘버리면 가장 간단한 일이긴 하다. 벼룩시장을 열면 준비해야 할 것도 많아져 시간과 정성이 들어가는 '일'이 된다. 하지만 단원 입장에서도 마지막으로 의미 있는 일을 하고 떠나면 좋은 추억을 가질 수 있을 것 같아 제안한 것이다.

주변에 홍보하니 후라이팬, 그릇, 책, 헌옷 등 기증품들이 꽤 모여 픽업트럭 뒤에 한 차 가득 실어서 갔다. 가격을 어떻게 정해야 할지 난감해 하는 그녀에게 네가 정하지 말고 그곳 운영위원회 여성들과 의논해서 결정하라고 했다. 가난한 주민들에게 부담되지 않는 선에서 그리고 너무 싸면 그들끼리 다툼이 날 수 있으니 적절한 범위에서 하면 좋을 것이라고 조언했다. 싼것은 10실링(약 110원)에서 가장 비싼 게 500실링(약 5,500원) 정도로 가격이 결정됐다. 가격결정이 끝나고 운영위원회 여성들과 봉사단원이 함께 판매하기로 했다.

드디어 열린 벼룩시장. 처음엔 낯설어하던 주민들이 입소문을 듣고 몰려들었다. 마사이 전통복을 입은 아줌마들이 한국여성들이 입던 원피스를 신기해하며 만지작거리기만 했다(사고 싶은데 본인이 소화하기엔 다소 무리가 있어 망설였던 것 같다). 3시간 여 만에 물품은 동이 났다. 운영위원회와 봉사단원들이 함께 수입을 계산했는데 총 판매대금이 7만 실링(한국 돈으로 약 80만원 정도)을 넘었다고 한다. 단원들이 큰 공을 세운 거다. 즉석에서 단원들은 판매대금을 개발 위원회에 마을기금으로 기부했고, 간단한 기부금 전달식도 했다. 그 기금이 앞으로 어떻게 쓰일지는 마을 지도층과 개발위원회에서 알아서 할 것이다. 나중에 들은 소식으로는 이 기금으로 개발위원회에서 염소를 구입해 공동으로 키우고 있다고 한다. 그곳에서 나온 수익은 지역 내 도움이 필요한 이웃들에게, 그리고 마을개발에 쓰일 것이라고 한다.

독수리 타법을 넘어서라

한 달 전 무렵이다. 직원들 업무가 느린 원인을 조사해보니 독수리 타법과 워드에 취약한 게 주 원인이었다. 한 달의 기간을 주고 타이핑과 Ms. Word 테스트를 하겠다고 공지를 했고 오늘이 그 날이다. 시간당 몇 타를 치는 지 카운트가 되는 타이핑 연습 프로그램으로 시험 치는 줄 알고 열심히 연습해온 직원들은 내가 만든 문제지를 받고 다들 당황스러워 하는 표정이 역력했다. 시험 문제지는 이것이다.

> 포맷 주의 : Arial, Size10, Margin 2cm(상하좌우), 워드아트로 제목 작성할 것.
> 시험시간 40분.
>
> 문제 1) 우리의 현재 당면과제는 무엇이고 지금 가지고 있는 기회는 무엇이며
> 어떻게 이 기회를 가지고 당면과제를 극복할 수 있을까?
> 문제 2) 3년 후에 뭐가 되고 싶으며 그 포지션을 갖기 위해서 어떤 부분의 훈
> 련이 더 필요한가?
> 문제 3) 더 나은 디렉터(지부장)가 되기 위해서는 어떻게 해야 할까?

한참을 문제지만 들여다보던 직원들이 하나 둘씩 자판을 두드린다. 한 달 기간 동안 연습해서인지 자판 두드리는 속도가 예전보다 빨라졌다. 여전히 독수리 타법이긴 하지만. 내가 가까이 가니 긴장해서인지 두드리던 손을 멈추고 굳어 있다. 이렇게 덩치 큰 사람들이(너무 귀엽다)!

40분 후 시험지를 제출하고 나가면서 자기들끼리 스와힐리어로 웃으면서 한참을 떠들었다.

시험지 점수를 매기다가 몇 번 빵 터졌다.

3년 후에 뭐가 되고 싶냐는 질문에 지부장이 되고 싶다고 적은 친구가 3명이나 있다. 나의 경쟁 대상자다. 긴장해야겠다.

더 나은 지부장이 되기 위해서는 어떻게 해야 되냐는 질문에는 월급을 많이 올려줘야 한다, 지금도 잘하고 있다(상당히 정치적 표현이다) 등의 글도 적혀 있었다.

현재의 당면과제와 기회, 해결방안에 관해서 꽤 통찰력 있게 쓴 직원들도 보인다. 직원들의 낮은 역량, 다양한 기회의 제한, 사회에 만연한 부정부패, 정치적인 이슈 등 심도 있게 접근한 부분도 꽤 있다. 직원들 대부분이 포맷에 약하고 정형화된 틀에 맞추는 것을 어려워한다. 자유로운 것도 좋지만 기본을 갖춘 후에 자유로워야 한다. 기본 문서작성부터 가르쳐야겠다.

시험을 쳐보니 이들의 미래가 밝아 보인다. 이들이 무슨 생각을 하는지 미래를 어떻게 꿈꾸는지 직원 한 사람 한 사람의 의식을 들여다 볼 수 있는 좋은 기회였다.

직원교육은 업무스킬 뿐만 아니라 인식개선, 인권, 젠더이슈 등 계속해서 교육, 훈련해야 할 부분이 많다. 앞으로 이들은 한동안 고달픈 삶을 살 것이다. 고통이 없이는 성장도 없다!

좀 더 깊이 들여다보기

국제개발, 지역개발을 한다지만 항상 따라다니는 걱정은 내가 하고 있는 일이 맞는지, 잘 하고 있는 것인지, 정말 주민들에게 도움이 되는 것인지에 대한 고민이다. 가난하긴 하지만 그들 나름대로 소박한 행복을 누리고 있는 지역주민을 내가 나서서 흔들어대고 있는 것은 아닌지, 외국인인 내가 지원의 중심에 서 있으면서 주인의식을 가져라, 주체성을 확립해라, 자립심을 길러라 라고 말하는 게 과연 맞는 것인지 늘 고민이다. 시간이 흘러 9년이 다 되어 가는데도 오히려 경력이 쌓일수록 경험이 늘수록 더 깊은 고민에 빠진다.

이 업계에서 하는 말인데 국제개발 3년 경력자는 자신이 국제개발에 대해 잘 안다고 생각하고, 5년 경력자는 자신이 전문가 수준이라고 생각하고, 10년 경력자는 자신이 제대로 아는 게 하나도 없다고 생각한단다.

오늘 나의 국제개발 멘토이신 선생님이 짧지만 핵심을 찌르는 글을 SNS에 올리셨다.

"결국 우리 일은 사람 사는 이야기인데 사람이 어떻게 생각하는지, 뭘 중요하게 생각하는지, 왜 그렇게 생각하는지, 그게 옳은지 그른지에 대해 이해하는 것이다. 이런 이해가 부족하게 되면 자신이 옳다고 믿는 잣대를 들이댈 수 밖에 없다. 빈곤의 문제를 표면적인 현상에만 고착시킬 것이 아니라 좀 더 깊이 사람에게 다가가 보자는 생각이 우리 안에 생길 때 평화와 인권에 대한 생각과 행동이 절실해진다. 사람이 개발의 초점이 되면 나와 너 우리 모두가 같은 영혼을 가진 존재임이 느껴지고 한 배를 탄 것에 공감하게 된다. 그 후에는 무슨 일이든 하면 된다. 그때부터 정말 자유로

워지는 것이다."

처음 가난한 마을을 접했을 때 나는 당장 모든 것을 해주고픈 열망에 사로잡혔었다. 아픈 사람들이나 여성들을 보면 보건소를 건축해서 무료로 치료해 주고 싶었고, 아이들을 보면 학교도 짓고 급식지원도 하면서 좋은 환경에서 아이들이 공부할 수 있도록 해주고, 상수도 시설로 깨끗한 식수도 제공하고 농업인프라를 구축해서 농가소득도 올리게 해주고 싶었다. 힘이 닿는 대로 내가 다 해주고 싶었다. 하지만 이건 진정한 지역개발이 아니다. 주체성을 상실하게 만들고 외국인에게 의존하게 만드는 나쁜 모델이다. 이는 그들을 총체적 문제투성이로 보고 해결사 역할을 자처하려는 가진 자의 욕망 혹은 우월감이 아니었나 생각된다.

사람이 개발의 초점이 되어야 하는데 프로그램에 몰입하다 보면 정작 사람은 소외되고 성과가 중심을 장악한다. 평가기준에 성과를 끼워 맞추다 보면 개개인의 사람은 보이지 않고 output, outcome, indicator, 숫자, 성취도 등에 집중하게 된다. 프로그램 기획에서부터 진행단계, 그리고 프로그램 기간 종료 후 모니터링과 평가까지 몇 명이 혜택을 받았고 몇 명이 졸업했고 소득이 몇 퍼센트 향상되었다는 숫자화와는 달리 지역사회는 크게 달라져 있지 않다. 단지 몇 개의 프로그램 운영으로 지역사회는 변화되지 않는다. 아프리카에서 운영했던 프로그램은 여태껏 수천, 수만 개가 아니었을까? 그럼에도 불구하고 아프리카는 여전히 가난하다. 단순히 수혜자의 문제라고만 볼 수 없다. 원조기관의 문제가 대부분이다. 프로그램의 성과에만 매달려 있을 게 아니라 이 사람들이 뭘 어떻게 생각하고 뭘 중요하게 생각하는지 관심을 가지고 다가가야 한다. 지역주민들, 그들은 평범한 사람이고 평범한 사람들이 살아가는 '그 이야기'를 깊숙이 들여다봐야 한다. 참여적 관찰이란 말이 떠올랐다. 단순히 제3자의 입장에서 관찰만 하는 것은 한계가 있다. 그곳에 참여하여 그들과 함께할 때만 그들을 제대로 알 수 있다. 전통적인 개발은 빈곤을 해결하겠다는 선한 의도와 기술을 강조한 나머지 인간관계에서 오는 다양한 가능성을 간과했다. 이런 다양함을 인식할 수 있는 능력은 잠깐의 공부가 아니라 오랜 시간 인내에서 나올 수 있는 것 같다. 오랜 시간 삶으로 함께해온 선생님의 말씀에 깊은 통찰력과 에너지가 느껴진다. 삶의 고수들은 언제나 주변에 생기를 불어넣고 굳어졌거나 잠든 이성을 깨운다. 참 닮고 싶은 부분이다.

국제봉사단원

국제봉사단원은 코이카나 한국의 NGO 국제 본부에서 모집하여 인터뷰 과정을 통해 선정하고 일련의 훈련과정을 거친 후 현지에 파견된다. 대학을 휴학했거나 갓 졸업한 사람들도 있고 요즘은 3, 40대도 많이 들어온다. 코이카 봉사단원은 선발 때부터 본인의 업무가 주어져 있으나 일반 NGO 봉사단원들은 1년에서 2년 정도 지부 사업을 지원한다. 현지 사정에 따라 자신의 전공을 살리기도 하고 일반 행정업무를 보조하기도 한다. 영어를 잘하면 좋겠지만 잘 못해도 현지어를 열심히 배워 로컬직원들이나 주민들과 소통하기도 한다. 이들 중 상당수는 귀국 후 비전을 살려 NGO 활동가가 되거나 관련 대학원 진학, 혹은 유학을 떠나기도 한다.

그동안 아프가니스탄에서 캄보디아, 이곳 케냐까지 30여명의 단원들과 함께 일했다. 내가 가장 애정을 기울이는 사람들인데 내가 봉사단원 출신이기도 하지만 청년들이 좁아터진 국내에서 일자리 전쟁에 매몰되지 않고 해외로 눈을 돌려 가치 있고 보람 있는 일에 도전하는 것도 멋진 일이기 때문이다.

그들에게 난 좀 빡세다. 1년 동안 의미 없이 시간만 때우다 가는 게 너무 아깝게 느껴졌다. 가장 파릇파릇한 나이인 20대에 더 많이 배우고 성장해서 돌아가게 해야 한다는 일종의 강박관념 겸 노파심일 수도 있다.

국제개발 독서토론에다 독후감 숙제도 제출하게 하고, 국제개발을 잘하려면 먼저 나 자신이 계발되어야 한다며 시골체험을 시킨다. 케냐의 마사이 마을에는 전기, 물이 없으니 정말 고생이다. 태양광 패널이 있어 형광등이나 핸드폰 충전을 겨우 하는 정도이고 물은 지붕 위에 올려놓은 물탱크에 빗물을 저장하여 사용한다. 그래서 그들은 잘 안 씻게 된다. 이웃집에 놀러 갔다가 벼룩에 온 몸을 물려 물파스를 일주일 만에 한 통 다 쓰기도 했다.

자취 경험이 없는 남자단원들은 아예 칼질도 못하는 친구가 종종 있다. 요즘 세상에 요리 제대로 못하면 장가도 못 간다며 하드 트레이닝 시켰더니 1년 후엔 거의 쉐프 수준이 되었다. 야근하고 집에 도착하면 주방에서 들리는 칼질 소리에 참 뿌듯했었다. 케냐에 온 두 남자단원은 나랑 김치도 담그고 수제 두부도 같이 만들었다.

보통 여자단원들은 큰 사건사고 없이 열심히 일 잘하고 가는데 남자단원들은 사건사고가 끊이질 않는다. 강도당하거나 다치거나 병에도 더 잘 걸려 남자단원이 올 때는 더 긴장을 하게 된다.

단원들이 떠날 때는 귀국 숙제도 낸다. 그동안의 실력을 발휘해서 부모

님께 식사대접 하라고. 아프리카에서 고생한 보람을 이렇게라도 마구 드러내야지.

떠나는 그들에게 항상 말해준다.

'여러분들이 국제개발의 미래다. 꼰대가 되어가는 우리를 과감히 넘어서서 훌륭하고 멋진 활동가가 되길.'

떠나보낼 때마다 눈물짓게 된다. 엄마가 자녀들 떠나보내듯이.

슬럼 사람들에게서 나를 발견하다

오늘 오후 도시 슬럼에 있는 학교운영위원들이 갑자기 떼를 지어왔다. 다짜고짜 나와 면담을 요구한다. 지역 담당 매니저도 있고 사업 부서 매니저도 있는데 다 건너뛰고 다이렉트로 내게 오는 소통방식은 좋지 않다. 매니저 선에서 우선 처리하고 안 되면 내게 요청하라고 했다.

미팅이 점점 길어지고 가끔씩 큰 소리가 들리는 듯해서 합류했다. 우선하고 싶은 이야기를 다 하라고 했다. 컴플레인이 쏟아져 나왔다. 대부분의 불만사항은 짐작한 대로 학교 안에 지을 교실 한 칸과 관련되어 있다. 운영위원이 밀어주는 무허가 업자를 건축업체로 선정하고자 하는 의도는 감추고 건축예산이 투명하게 오픈하지 않으니 매니저를 신뢰하기 어렵다느니 한다. 건축은 입찰로 업체를 선정하려면 당연히 예산은 입찰결정 후 공개하는데 본인들이 유리한 입장을 가지기 위해 수를 쓰는 거다. 조용히 그들의 말을 다 듣고 난 후 이렇게 말했다.

"건축 시작하기도 전에 이런 컴플레인이 나오는 것을 보니 이 건축을 해야 할지 말아야 할지 모르겠네요. 이 건축은 지역 발전에 도움이 안 되는 것 같으니 무기한 연기하거나 켄슬 하는 건 어때요?"

잠시 조용하더니 태도를 확 바꾼다.

"아니~ 이건 컴플레인이 아니라 그냥 궁금해서 그래요. 저희가 학교 운영위원회 임원인데 어느 정도 알아야 건축할 때 모니터링도 할 수 있잖아요. 그리고 이렇게 만나서 서로 얼굴 보니 좋잖아요."

"약속 없이 갑자기 단체로 찾아와 다짜고짜 면담 요청하는 건 좀 아닌 것 같습니다. 매니저를 불신해서 이렇게 직접 오신 것 같은데 매니저를 못 믿으면 저를 못 믿는 것과 같습니다. 여러분들 위해 야근하면서 프로포절 만들어서 한국 본부에 올렸고 이렇게 채택되게 한 장본인인데 어떻게 안 믿을 수 있어요?"

"슬럼지역의 사정을 당신이 잘 몰라서 그렇습니다."

"잘 모른다구요? 제가 15년 동안 슬럼에서 산 사람이라 여러분 지역이 아주 친숙합니다."

다들 웃는다. 농담인 줄 안다. 정말이라고 하니까 한국의 슬럼과 자기 지역이 어떻게 같을 수가 있겠냐고 웃으면서 반문한다.

"세계 어디나 슬럼은 크게 다르지 않습니다. 지저분하고 시끄럽고 다이나믹하죠. 저도 그런 곳에서 자라 쓰레기 마을은 제 고향 같습니다. 앞으로 매니저와 상의하시구요. 다음에 절 만나고 싶으시면 매니저 통해서 연락하세요. 언제든지 만날 테니까. 근데 아무리 생각해도 그냥 켄슬 하는 게 좋을 것 같은데. 저도 한번 고민해 보겠습니다."

다들 얼른 일어서더니 앞으로 절대 안 오겠다고 웃으면서 떠났다.

아버지 장례 후 퇴직금으로 구입한 달동네 집, 기초수급자(그 당시엔 생활
보호대상자로 불렸다)로 2,3년 지원받다가 집이 있다는 이유로 제외되었다.
대상자로 책정되었다가 가정에 아무런 상황 변화가 없는데도 제외시키는
고무줄 규정은 대체 무엇인가? 엄마가 없는 돈에 담배 한 보루 사가지고
가서 사정했지만 거절당하고 집에 돌아와 깊은 시름에 잠기셨다. 탈락시
킨 얼굴도 모르는 그 동사무소 직원 때문이었을까? 내가 사회복지 공무원
이 되어 그 사람이 했던 업무를 담당하게 된 것이.

　그 후 엄마는 떡볶이 장사를 시작하셨고 3남매를 대학까지 보내셨다.
내가 대학교 졸업할 때까지 그곳에서 살았으니 슬럼지역 사람들의 습성,
문화, 가치관을 꿰뚫고 있다. 알코올 중독에 사흘들이 가정폭력을 행하는
남편, 춤바람 나서 도망간 아내, 술집작부, 조직폭력배, 정신질환자 등 만
만치 않은 구성원들의 활약으로 동네는 매일 시끄러웠다. 집에서 멀리 떨
어져 있는 공동화장실, 여름이면 지독한 하수구 냄새, 연탄가스중독, 날

아다니는 바퀴벌레, 지붕에서 매일 댄스파티 벌이는 쥐새끼들. 내 어린 시절의 선명한 기억들이다. 힘든 시절이었지만 다양한 군상들을 경험했고 변화무쌍한 사람들로 인해 사람 사는 냄새를 맡고 살았던 것 같다. 물론 3,40년 전의 한국보다 더 열악한 케냐의 슬럼지역이지만 비슷한 부류들, 비슷한 환경이라 방문할 때마다 어린 시절이 떠올랐다. 치부라고 여겼던 유년의 경험이 공무원때나 해외현장에서 많은 도움이 되었다. 어떤 경험도 버릴 게 없다는 말은 진리다.

누구나 한 번쯤은 정떨어지게 만드는 케냐

수도국에서 숙소 수도를 끊은 지 열흘이 지났다. 그동안 물을 아껴 썼는데도 마당에 있는 두개의 대형 물탱크는 바닥을 보이고 있다. 나더러 수도 계량기를 조작해서 여태껏 수도세를 적게 냈다며 강제로 수도를 끊어버렸다. 그리고 벌금을 3만 실링(33만원 정도)이나 물렸다. 거기다 계량기를 새것으로 교체했으니 6천 실링(6만6천원 정도)을 추가로 납부하라고 한다. 이런 날도둑놈 같으니라고. 난 수도계량기가 어디 붙어 있는지도 모르는 사람인데 계량기를 조작했다니 이런 어거지가 없다. 직원을 수도국으로 몇 번 보내 수도를 연결하라고 하니 벌금을 지불하기 전엔 불가능하다는 답변만 했다. 그냥 아파트로 이사가 버릴까 보다. 억울해서 여기저기 하소연을 하니 다들 한 번씩은 경험이 있다며 아무래도 납부해야 할 것 같다고 한다. 오기로 며칠을 버텼으나 물 없이는 아무것도 안 된다. 식수는 사 먹는다 치고 요리는 덜 한다 해도 세수하는 거랑 화장실은 어떻게 할 수가 없다. 혼자 버럭버럭 성질을 내다가 '그래, 이건 어쨌든 돈으로 해결할 수 있는 거다. 돈으로도 해결 안 되는 수많은 문제가 지금 내 앞에 산재해 있다. 가난한 나라 후원했다고 치자.'하며 항복했다.

좀 전에 사무실로 이민국에서 왔다며 성질 고약하게 생긴 아저씨 둘이 술 냄새 풍기며 들어섰다(이민국 사람들은 근무 중에 술을 이렇게 마셔도 되나? 언제 한번 따져 물어야겠다. 아까는 너무 쫄아서 시키는 대로만 했는데…). 한국 사람들이 워크퍼밋 없이 일한다는 제보를 듣고 왔다며 한국인들에게 여권을 가져오라고 했다. 집으로 달려가 여권을 가져오니 워크퍼밋과 비자를 일일이 체크한다. 그리고는 또 다른 직원을 찾길래 출장 갔다고 했다. 행정 매니저가 그들을 데리고 나가서 돈 몇 푼주고 보냈다. 또 오겠다고 하며 갔단다.

워크퍼밋 신청하고도 1년 넘게 안 나오는 것이 우리 잘못인가? 모든 구비서류를 제출하면 트집 잡아 반려하고 다시 서류 보완하면 뭐가 또 누락되었다며 반려한다. 아예 처음부터 누락된 모든 것을 얘기하지 않고 한 개씩 한 개씩 약 올리듯 말하고 돌려보낸다. 마치 워크퍼밋 주기 싫어서 가능하면 시간을 끌고 끌다가 마지못해 주는 느낌이다. 몇 년 전에도 갑자기 쳐들어 와서 워크퍼밋이 아직 안 나온 한국직원이 끌려 갔다가 주변의 도움으로 겨우 풀려났다고 들었다. 그렇게 마음에 안 들면 국제 NGO를 허가해주지 말든가, 아예 외국인들은 받지를 말든가. 케냐 정부는 일을 하라는 건지 말라는 건지 알 수가 없다.

외국인이라면 누구나 한번은 경험했을 주택 보증금 문제는 악명이 높다. 모든 국가의 수도가 다 그렇겠지만(그리고 아프리카가 유독 물가가 비싸지만) 나이로비의 주택 임대료는 엄청 비싸다. 대부분의 외국인들은 월세로 임대료를 지불하는데 자체 경비 시스템이 있는 비교적 안전한 주거형태는 한국보다 훨씬 비싸다. 게다가 집을 계약할 때 보증금 형태로 1개월이나 2개월 분 월세를 선불로 지불해야 한다. 그 보증금은 이사할 경우 그동안 집을 사용하면서 훼손한 것에 대한 수리비조로 생각하고 돌려주지 않는 경우가 많다(보증금 환불해 주는 주인은 정말 선한 사람이다). 아무리 깔끔하게 사용해도, 이사할 때 페인트까지 칠해줘도 뭔가 트집을 잡고 연락도 아예 받지 않아 대부분 떼이게 된다. 높은 임대료에 2개월 치 보증금도 받지 못하면 대부분 타격이 크다. 나 또한 생돈 떼여서 분노 게이지가 상승해 있다. 아프리카에 또 기부했다고 쳐야 하나? 외국인은 부자니까 이렇게 대우해도 된다는 생각을 깔고 있나? 이래저래 외국인이어서 서러움을 당한다.

사업장 모니터링 방문

작년에 시골 사업장 중 한 곳에 여성들을 중심으로 2개의 소득증대 그룹을 만들었다. 그룹 멤버들은 우리가 지원한 초기자본을 가지고 젖소를 구입하여 우유를 생산 · 판매한다. 케냐는 짜이를 즐겨 마시는 문화라 우유가 잘 팔린다. 농가에 우유를 구매하는 중간상인들이 있다. 지금은 시작단계라 중간상인에게 팔지만 자체 우유 살균저장 장치가 있으면 더 높은 소득을 올릴 수 있다. 우리 기관이 지원할까 생각하던 차에 여성들이 우유 판매대금을 조금씩 모아 기계를 장만할 예정이라고 한다. 시간은 다소 걸리겠지만 자력으로 이루는 그 방법이 훨씬 낫다. 그들에 의해서 프로그램이 발전된다는 것은 고무적이다. 여성들이 하나같이 부지런하고 의욕이 넘친다. 말만 앞세우고 거들먹거리기만 하고 게을러터진 남자들보다 역시 우먼파워다!

오늘은 탄자니아 국경지역에 있는 마사이 마을 Cow Cooperative(소 조합)의 조합원들에게 소를 배분하는 날이었다. 이 지역에서는 처음 시작하는 단계라 비교적 소규모인 46명의 조합원으로 출발했다. 조합원들은 이 소를 1년 간 키운 후(혹은 2년이 될 수도 있다고 한다) 되팔아 원금과 이자를 갚고 그 이윤으로 다시 소를 구입한다. 재구입한 소는 자신의 소유가 되는 것이다.

아침 일찍 행사장에 가니 지역 어르신들과 관공서 리더들이 모여 있고 공터의 한쪽 구석에는 46두의 소가 모여 있다. 1년 된 소라는데 어른 소처럼 덩치가 크고 건강하다. 각 소마다 번호가 매겨져 있고 조합원은 추첨된 번호로 자기 소를 찾아가면 된다.

빨간 망토의 마사이족들이 추첨된 번호를 가지고 이리저리 소를 찾아

다니는 모습이 참 재밌다.

소는 안 끌려가려고 이리저리 도망을 가고 그 소를 잡기 위해 사람들이
뛰면 다른 소도 덩달아 뛴다. 사자를 때려잡던 무시무시한 마사이족들이
소 한 마리 잡지 못해 이리저리 뛰어다닌다.

2년째 접어들고 있는 Bean Cooperative(콩 조합) 농장을 방문했다.

조합을 시작하려면 먼저 주민들을 훈련시켜야 한다. 마사이로만 구성
된 이 커뮤니티는 단합이 잘되고 위계질서가 있어 조합을 하기에 적당하
다. 이미 그들은 자체적으로 규모는 작지만 소득증대그룹을 해본 경험이
있어 조합을 구성하는데 그다지 어려움이 없었다.

작년에 250명의 조합원을 구성하여 종자와 비료를 지원하고(수확 후 종
자와 비료대금은 환불한다) 전문가를 투입하여 기술적인 방법들을 훈련하
였다. 전문가들은 DAO (Divisional Agricultural Officer), Farm Chemical

Company, WFP(World Food Programme) 등에서 파견되었으며 경험 많은 우리 매니저가 정기적으로 방문하여 훈련했다. 케냐의 주요 농산물 중 하나인 빨간 콩은 저장성이 강하여 WFP에서 건축한 마을창고에 수확 후 저장했다가 작물 가격이 오를 때 판매해서 농가소득을 향상시킬 수 있다. WFP는 시중가격보다 저렴해서 좋고 조합원들은 브로커에 파는 것보다 훨씬 높은 가격에 판매할 수 있어 서로 윈윈하는 구조다. 작년에는 4월과 5월 2차례 걸쳐 320에이커 땅에 경작했다. 다양한 리스크를 예방하기 위해서 2회에 나누어 심는다고 했다. 우리 매니저의 보고에 의하면 작년에 사업장 조합원 평균 농가소득이 17%나 증가했다고 한다. 다만 조합원들 몇 명이 수확 후 기다리지 못하고 브로커에게 팔아버려(브로커들은 현찰로 즉시 지급한다) 계획에 조금 미치지 못했다고 한다. 작년에 한번 연습해 봤으니 조합원들의 의식도 많이 성장했으리라 생각된다. 트웬데 파모자(함께 가자)!

다르게 사는 사람들

언제부터인지 내 어깨에 자꾸 힘이 들어갔다. 더 나은 세상을 만드는 데 기여한다는 생각은 긍지와 보람을 넘어 자꾸 타인을 훈계하거나 가르치려 드는 교만 덩어리가 되어 가는 것 같다. 이런 사고방식은 나보다 더 고수인 사람들을 만나면 한 순간에 박살이 나게 된다. 해외에서 일하면서 한 가지 좋은 점은 멋진 분들을 많이 만날 수 있다는 것이다. 나를 한없이 작게 만드는 거장들을 보면 저절로 겸손하게 된다.

사회적 지위와 경제적 안정을 동시에 누릴 수 있는 의사생활을 접고 가난한 나라에서 병자들을 치료하는 의사들을 많이 만난다. 한국인이든 외국인이든 그들의 섬김은 육체적 치유 뿐만 아니라 정신적 치유까지 이끄는 힘이 있다.

고약한 냄새 나는 쓰레기 마을에 들어가서 가르치며 섬기는 분들도 대단하다. 악취와 파리에 시달리고 벼룩에 뜯기면서까지 가르침을 포기하지 않는 그들은 진정한 교사들이다.

남들이 가길 꺼려하는 오지의 가난한 학생들을 가르치기 위해 하루 10시간도 넘게 차를 몰고 가시는 분들, 없는 돈 쪼개어 학교를 건축하시는 분, 난민들을 지원하시는 분, 현지인 마을에 들어가 현지인처럼 수도도 전기도 없이 사시는 분 등 나열하기 어려울 정도로 훌륭한 분들이 구석구석에서 드러나지 않게 일하고 계신다. 얼마든지 편하게 살 수 있는데도 좀 더 불편하게, 좀 더 힘든 선택을 하며 자신의 지식과 재능을 가난한 이들에게 아낌없이 쏟아 붓는다. 지식과 재능을 돈 버는데 쓰는 대부분의 사람들과 다르게 자신의 신념이나 신앙, 비전을 따라 힘들어도 묵묵히 자신의 길을 가고 있다.

한 국가에 겨우 몇 년 정도 단기로 머무르다 가는 나도 이렇게 탈진하고 몸이 골골거리는데, 한 곳에서 수십 년을 살아낸다는 것은 대단한 내공이 필요하다. 비전, 미션, 가치를 품고 왔다가 이상과 현실 사이에서 고민하다 중도 포기하는 자들이 얼마나 많은가? 하지만 이들의 끈기와 인내, 포용력은 천성이 아니라 대부분 오랜 인고의 시간을 거쳐 만들어진 것이다. 눈물과 한숨, 땀과 수고, 상처와 고통, 배신의 아픔, 육신의 질병, 관계의 깨짐 등을 통과하여 생긴 것이다. 아픔을 경험하였기에 누구보다 아픈 사람들의 심정을 잘 알고 보듬어 준다. 다른 문화, 관습, 사고방식에 대해 불평불만하는 대신 이들은 현실 앞에서 자신의 고정관념을 깨뜨리려 한다.

세상의 후미진 곳에서 자신의 이름을 드러내지 않고 묵묵히 섬기는 이들이 있어 세상은 아직 따뜻한 온기를 잃지 않는다.

아프리카 여인들의 헤어스타일

도시사업장의 직업훈련센터에는 컴퓨터반, 목공반, 양재반, Hair & Nail 반이 운영되고 있다. 도시 슬럼의 청년, 주부들을 위해 무료 혹은 저렴하게 수강료를 받고 운영하는 곳인데 이곳에서 기술을 배워 다들 취업전선으로 나간다. 그 중 Hair & Nail 반은 가장 인기가 좋다. 손이 크고 투박한 아프리카 여성들이 디테일에 약할 줄 알았는데 어릴 때부터 땋는 머리를 하니 다들 숙련된 손기술로 다양한 헤어스타일을 창조해 낸다. 6개월에서

1년 정도 배우면 다들 미용실에 취업하거나 경제력이 있는 사람은 헤어샵을 차리기도 한다. 미용반 선생님은 나만 보면 머리 땋아주겠다고 집요하게 물고 늘어져 볼 때마다 도망쳐야 한다.

케냐 여성들의 머리는 우리에겐 레게머리로 알려진 스타일로 길게 땋는 것은 기본이고 올려 땋기, 부분 가발을 이용해서 땋기 등 천태만상이다. 곱슬머리인 아프리카 여성들에게 가발은 단순한 액세서리가 아닌 필수품이다. 그래서 가발공장이 아프리카에서 비즈니스 성공사례로 방송에 소개되기도 했다.

레게머리는 기존 머리에 이어 길게 늘려 땋는 방법으로 시간과 노력이 상당히 투자되어야 한다. 보통 네다섯 시간은 기본이다. 두 명이 달라붙어서 쉬지 않고 땋는데도 그 정도니 머리 하는 사람도 받는 사람도 상당한 인내력이 요구된다.

케냐 여성은 땋는 머리만 하는 것은 아니다. 자연 상태의 푸석거리는 머리를 그대로 두는 경우도 있고(머리카락 보호를 위해 레게 머리 몇 번에 자연 상태 머리 한번, 이렇게 번갈아가면서 하는 경우도 많다) 완전히 빡빡 밀어버리는 여성도 있어 빡빡이 우리 여직원을 처음 봤을 때는 남잔지 여잔지 목소리로 구별해야 했다(남자 직원들은 모두 빡빡이라 처음엔 누가 누군지 구별이 안 되어 이름을 한참동안 못 외웠었다).

우리 여직원에게 얼마 만에 한 번씩 미용실 가냐니까 주머니 사정에 따라 다른데 평균 한 달에 한두 번 정도라고 했다. 머리를 그렇게 하고 있으면 어떻게 감아야 하는지 궁금해서 물으니 안 감는단다. 대신 머리에 냄새 제거나 클리닝 용도의 스프레이 같은 것을 뿌린다고 했다. 그래서인지 여

직원들 머리에서 향수도 아닌 것이 묘한 냄새가 났다. 그렇게 쫑쫑 땋고 있으면 머리 밑이 그렇게 가렵다고 한다. 여직원들이 수시로 연필 끝으로 머리 밑을 자주 긁적거렸다. 비오는 날은 옷은 다 젖어도 머리만은 안 된 단다며 머리에 비닐을 뒤집어쓰고 나가기도 했다.

주말에 남자 봉사단원이 어디론가 사라지더니 저녁 무렵에 레게머리를 하고 불쑥 나타났다. 머리 밑이 허옇게 드러나 징그럽기도 했지만 그런 대로 귀엽다. 4시간이 걸렸다며 두통약을 먹었다. 그렇게 고생해서 머리를 해놓고 하루가 지나자 다 풀어버렸다. 자고 났더니 머리카락 일부가 빠져나와 지저분할 뿐 아니라 잘 때 너무 고통스러웠다고 한다. 봉사단원의 책상 위엔 뜯어낸 가발이 본인 머리카락과 함께 수북이 쌓여있다. 레게머리는 한번 할 때마다 머리카락이 엄청 빠진다. 젊고 머리숱이 많은 친구라 다행이다. 머리숱이 적거나 탈모 증상 있는 사람은 조심해야 겠다.

여학생들과 함께 한 대안 생리대 제작

우리 기관에서는 관할하는 커뮤니티의 여학생들에게 정기적으로 생리대를 지급하고 있다. 생리대를 살 돈이 없어서 더러운 천 조각을 사용하거나 아예 학교에 나오지 않는 경우가 대부분이었다. 생리 기간에 학교를 나올 수 없는 불리한 상황으로 인해 여학생들의 학업성적은 남학생에 비해 상대적으로 떨어졌다. 생리대를 지급한 후 학교 결석일수가 확실히 줄어들었다. 하지만 계속 생리대를 지급하자니 비용면에서도 부담이 되고 1회용품 이기에 환경적인 부분도 고려해야 했다. 하루는 봉사단원이 시골지역 여학생들과 함께 대안 생리대를 직접 제작하면 어떻겠냐는 제안을 했다.

본인들이 직접 만들어서 사용하니 위생적일 뿐만 아니라 계속 빨아서 사용할 수 있으니 환경적인 면에도 좋을 것 같아 파일럿 프로그램으로 시도했다. 면직물은 어디서든 구입이 쉬우나 문제는 시골지역에서 생리대 겉면에 사용할 방수천을 구입할 수 있느냐가 관건이었다. 외부에서 물자를 지원하는 것보다 지역경제 활성화를 위해서 그곳에서 구입하는 것이 가장 좋기 때문이다. 봉사단원이 시골장터 구석구석을 뒤지고 돌아다닌 끝에 방수가 가능한 옷감을 발견했다. 그 후 생리대와 커버 디자인을 하고 바느질 재료를 구매해서 학생들과 제작에 들어갔다. 의외의 복병은 여학생들이 가위질을 처음 해봤다는 것이다. 디자인한 천을 모양대로 자르는데 삐뚤삐뚤 천차만별이 되었고 바느질에 익숙해 지기까지 시간이 많이 걸렸지만 다 잘 마무리했다. 처음에는 부끄러워하던 아이들이 나중에는 생리대를 넉넉하게 만들어서 가족들에게 선물하기도 했다.

몇 달 후 학생들의 사용 후기를 모니터링 했다. 직접 만들어서 새로운 경험을 해서 좋았다는 의견도 있었고, 일회성이 아니라 계속 사용할 수 있어서 좋다. 그동안 지급된 생리대가 모자랐는데 상비할 수 있어서 안심된다는 의견도 있었다. 단점으로는 학교에서 사용한 것을 계속 휴대해야 하는 불편함이 있다고 했고, 빨아서 말릴 때 주변 사람들의 시선이 불편하다는 의견도 있었다. 우리처럼 세탁기를 사용해서 반건조 상태가 되어 나오는 것도 아니고 집 밖에다 흠뻑 젖은 빨래를 널어놓는 환경이니 그럴 수 있겠다 싶다. 빨래를 널 때 겉으로 가릴 수 있는 미니 건조대나 특수 빨래집게 같은 것도 개발하면 좋을 것 같다. 파일럿 프로그램이었지만 함께 고민해서 단점들을 보완해 지속적인 프로그램으로 정착시키고픈 욕심이 난다.

오래된 난민캠프 현장에서

세계에서 가장 오래된 난민캠프가 케냐와 남수단 국경 근처의 투르카나 지역에 있다. 고온건조한 사막지역인 이곳은 투르카나 유목민들이 이동생활을 하며 거주하는 지역으로 그 일부를 UNHCR에서 난민캠프로 사용하고 있다. 카쿠마 난민캠프는 1992년 수단 내전 발생 시 피난민들이 이곳에 처음 정착한 후 지금까지 이어져 오고 있는 곳으로 2015년 기준 남수단, 소말리아 등 21개국 180,000여명을 수용하고 있는 대규모 캠프이다. 특히 2013년 남수단 내전 발생 이후, 난민이 지속적으로 유입되고 있으며 신규 유입 난민 중 65%가 18세 미만 아동으로 2015년 말까지 75,000명에 이를 것으로 UNHCR은 예상하고 있다. UNHCR과 여러 국제기관들이 함께 캠프 내 교육 여건 개선을 위해 노력 중이나 제한적인 교육 시설과 아동 보호 지원 프로그램의 한계로 충분한 교육 및 보호를 받지 못하고 있는 현실이다.

카쿠마 캠프는 얼마 전 수해로 가옥이 무너져 개보수가 시급한 실정이었다. 난민들의 주거가 흙벽돌(난민들이 직접 흙벽돌을 제작한다)로 지어져 홍수가 나서 흙벽돌이 물에 잠기면 쉽게 붕괴되는 구조였다. UNHCR과 우리가 파트너십을 맺어 사업을 진행하기로 했고 오늘 붕괴된 가옥현장을 답사하였다. 기존에 생각하던 난민캠프 구조가 아니라 하나의 커뮤니티라고 보아야 할 듯하다. 장기체류 난민들은 본국으로 귀향하지 못하고 몇 세대를 걸쳐 하나의 거대한 커뮤니티를 형성하고 있었다.

동네를 나서는데 기껏해야 서너 살 정도로밖에 안 보이는 아이가 우물에서 물을 떠 집으로 나르고 있었다. 겨우 아장아장 걷는 아이였다. 물통의 물은 걸을 때마다 조금씩 넘쳐 흘러 줄어들고 있었다. 한창 엄마 품에서 어리광을 부릴 나이인데 벌써부터 인생의 쓴맛을 보고 있는 것이다.

'어른들 때문에 이 난민촌이 너희 고향이 되었구나. 미래를 만들어야 할 너희들이 여기서 국적도 없이 살아가고 있구나.' 저 아이에게 누가 밝은 미래를 만들어 줄 수가 있을까? 아장아장 걷던 아이의 모습이 하루 종일 머릿속에서 떠나질 않는다.

캠프를 떠나 원주민 마을을 지나는 길에 보니 유목민들이 땅을 파서 만든 조그마한 웅덩이가 있었다.

조그마한 웅덩이에 한 아이가 황토색 물을 컵으로 떠서 물통에 담고 있었다. 그 뒤에는 유목민들이 그 물이라도 떠가려고 긴 줄을 서 있다. 물통

하나 가득 담으려면 한 시간은 족히 걸려 보였다. 이곳은 난민들도 힘들게 살고 원주민들도 열악하긴 마찬가지다. 오히려 난민들은 정기적으로 구호품을 받을 수 있고 식수가 마을 곳곳에 설치되어 있으니 생활면에서는 조금 더 낫다고 볼 수도 있다. 유목민들은 식수조차 없어 땅을 여기저기 파서 물이 고이길 기다리고 있으니… 그래서 때때로 난민들과 원주민 사이에 분쟁이 일어나기도 한단다. 원주민의 입장에서는 전쟁을 피해 자기 영토에 들어온 이웃나라 사람들이 잠깐 거주할 것으로 생각했으나 어느새 자리를 잡고 자신들 보다 더 나은 생활을 하고 있으니 불만이 생길 수 밖에… 앞으로 프로그램을 진행하려면 난민과 원주민을 함께 아우르는 통합된 프로그램을 진행하는 것이 좋을 것 같다. 서로의 입장을 이해하고 함께 더불어 살 수 있는 그런 의미 있는 컨텐츠의 개발이 필요하다.

답사 후 무너진 400여 가구에 개보수에 필요한 목재와 함석 등 자재를 제공하기로 하고 난민들 중 기술자를 선정해서 난민들과 함께 보수공사를 하기로 결정했다. 1차로 난민 주거환경 개선사업을 완료한 후의 후속 프로그램도 고민이다. 캠프 내 교육 여건 개선과 방과 후 교실, 다양한 교육 프로그램 등을 통해 충분한 교육과 보호 지원이 이루어지면 좋겠다.

아쉬움을 뒤로하고

차드라는 나라도 있었나? 한국인이면 대부분 처음 듣는 나라다. 카메룬, 나이지리아와 접해 있는 내륙국이다. 최빈국 중의 하나, 가장 더운 국가 중 하나, 물가가 높은 국가 중 하나 등 열악한 조건은 골고루 갖추고 있어 대부분의 직원들이 파견을 부담스러워하는 국가다. 후임자를 물색 중이나 어려움을 겪고 있다는 소식에 내가 이상하게 마음에 부담감이 느껴졌다.

아프가니스탄과 차드는 많이 닮아 있다. 사막지역, 이슬람 국가, 최빈국, 오지국가… 피랍사태로 떠나야 했던 아프간은 너무 짧았던 거주기간으로 인해 마음에 부채가 늘 있다. 그곳은 여전히 입국금지가 되어있다. 아프간에서 못다 했던 일을 차드에서 할 수 있을 것 같다는 생각이 계속 마음을 두드리고 있었다. 그렇게 덥다는데 지금도 골골거리는 이 약골 컨디션으로 견딜 수 있을지, 이곳 케냐에 벌여놓은 프로젝트들이 한창 무르익고 있어 조금만 더 있으면 좋은 결과를 볼 수도 있을 것 같은데, 나의 사랑하는 힐링 장소인 마사이 마을을 포기할 수 있을까? 아름다운 들판과 야생동물들의 모습을 만끽하는 사파리 투어를 몇 번은 더 하고 싶은데 깊은 고민에 고민을 거듭했다. 어쩌면 내 마음은 이미 알고 있었을 것이다. 머리가 계속 정리가 안 되었던 것이다. 머리에서 마음까지의 거리는 언제나 멀다.

이제 며칠 후면 자발적으로 차드에 들어간다. 비자발적으로 나와야 했던 아프가니스탄을 떠올리며.

10여년 현장 생활을 했지만 이번처럼 혼을 빼놓는 시간도 없었다. 집주인과 집수리와 보증금 문제로 씨름하랴 살림살이 정리하랴 밤잠 설쳐가며 시간 쪼개가며 인수인계 준비하랴 정신없는 시간을 보냈다. 마지막으로 정들었던 집과 사무실을 둘러보았다. 제패니즈 스피치 심바를 차드까지 데려갈 수가 없어 사무실 경비견으로 두고 가기로 했다. 이 녀석이 며칠 동안 밥을 안 먹었다. 내가 떠나는 줄 아나보다. 마지막으로 밥을 듬뿍 주고는 마가렛 아줌마에게 부탁했다. 이 녀석이 나보다 아줌마를 더 따라서 내게 구박을 많이 받았다. 밤마다 짖어서 이웃집에 민망하기도 했고, 여자친구를 만들어주어도 액션만 컸지 걷어차이기만 한 허당 녀석. 끝까지 책임지지 못해 너무 미안하다(떠나고 나서 며칠 동안 꿈속에 계속 나타났다. 이후로 비슷하게 생긴 강아지를 보기만 해도 마음이 시렸다).

아프리카 대륙의 첫 경험지 케냐. 야생동물의 천국으로 멋진 사파리 여행을 통해 TV속 동물의 왕국을 직접 경험케 했던 아름다운 나라.

멋진 사파리와는 대조적인 쓰레기 마을에서 비닐과 쓰레기를 줍고 있던 밝고 천진난만한 아이들, 붉은 망토의 마사이 부족들의 순수함과 열정, 소득증대 프로그램으로 의욕에 넘쳤던 시골 아주머니들이 눈에 선하다. 또한 나와 한국스텝의 피를 말리게 했던 이민국, NGO관리국 그리고 나이로비 교육부 공무원들도 생각난다. 까다롭고 때론 잔인한 현실 앞에서 고정관념을 깨게 만들고 그래서 기도 밖에는 다른 아무것도 기대할 수 없게 만든 그들. 그래서 인내심을 키워준 그들은 세상 어디에나 존재하는 부류들이다.

마지막으로 빡센 훈련을 잘 따라준 직원들에게 고마움을 느낀다. 잘 뛰지 않는 케냐 사람들이 아침마다 출근 시간에 늦을세라 사무실로 뛰어들어왔다(하도 출근시간을 지키지 않아 벌금을 매겨 그 돈으로 직원간식을 구입해서 나눠먹었다). 떠날 때는 늘 일보다 사람들이 마음에 남는다. 아산테 싸나(매우 감사합니다)~

사막 전사들의 나라 차드

네 번째 길

🐾 사막 전사들의 나라 차드

2016. 9 - 2018. 8

| Prologue |

광활하고 척박한 사하라 사막. 그곳에 알려지지 않은 나라 차드가 있다. 국토의 반이 황폐한 사막이고 프랑스 식민지 영향으로 불어와 함께 아랍어를 사용하는 이슬람 국가다. 2016년 가을, 앞으로 2년간 활동할 차드의 수도 은자메나로 희망을 품고 들어갔다. 첫 느낌은 아프간을 떠올리게 했지만 시간이 흐르면서 고유의 독특함을 곳곳에서 발견할 수 있었다. 그곳에서 기존의 지역개발사업을 전반적으로 모니터링하고 학교와 보건소 건축 및 개보수, 소득증대사업의 확대, 교육지원 프로그램 재정비 및 강화 등을 통해 지역의 아동들에게 좀 더 나은 교육환경을 제공하고 소득을 향상시킬 수 있는 방안을 지역주민들과 모색하였다. 사막 전투에서 한 번도 패한 적인 없다는 전사의 나라에서 나도 어느새 그들을 닮아갔다. 사막의 여전사로~

음악에 맞춰 춤추고 있는 아이들

마침내 차드 땅을 밟다

차드는 물가가 비싸다고 해서 케냐에 있는 살림살이를 최대한 많이 바리바리 쌌다. 평소 짐 많은 것을 힘들어하고 나그네의 짐은 가벼워야 한다고 주장했던 내가 이렇게 욕심 부리며 싸는 이유는 비싼 물가뿐만 아니라 지부에 축적되어 있는 가구나 살림살이들이 많아야 후임으로 오는 직원들이 덜 고생하기 때문이다. 어떻게든 내가 있는 동안 차드 업무환경, 사는 환경을 좋게 만들어서 파견 직원들에게 기피국가가 아닌 선호국가로 만들고 싶다. 그러다 보니 짐이 이민가방으로 8개다. 2개는 인편으로 보냈고 가방 2개는 지금 가져가면 되고 나중에 휴가 올 때 나머지를 가져가려고 맡겼다. 근데 짐 무더기를 보니 가슴이 답답해지고 우울해졌다. 내가 왜 사서 고생하는지, 무슨 대단한 일을 하겠다는 건지. 내가 아주 잠깐 미쳤었나 보다. 다시 무를 수도 없고… 파스 덕지덕지 붙인 팔로 이민가방 2개에 핸드캐리어까지 끌고 공항에 들어섰다. 며칠 동안 여러 번 짐을 쌌다 풀기를 반복하다 보니 인대가 늘어났다. 에티오피아의 아디스아바바를 경유해 차드의 은자메나로 들어가야 하는데 걱정이 태산이다. 이민가방을 수화물로 보내고 캐리어를 들고 끙끙대며 탑승계단을 오르락 내리락하며(에티오피아 공항은 버스로 이동해서 탑승계단을 올라가야 한다) 아디스 아바바에 도착했다. 차드 은자메나행 대합실로 가니 역시 차림새부터 다르다. 차드 전통복장의 남녀가 보따리를 들고 기다리고 있었다. 차드에 중국기업들이 많이 진출해 있다더니 중국인들도 꽤 보였다. 버스로 이동해서 탑승계단을 끙끙거리며 오르고 있을 때였다. 갑자기 뒤에서 한 남성이 캐리어를 뺏어 들고 중국말로 뭐라고 했다. 티켓을 보여 달라는 것 같아 주니 좌석번호를 확인하고는 성큼성큼 앞서가서 내 좌석 위 선반에 올려다 주었다. 천사인줄 알았다(정말 천사일지도 모른다)! 그는 차드에 도착해서도 재빨리 선반 위 내 가방을 꺼내 들고는 계단을 내려가서 바닥에 내려놓고는 공항버스를 타고 쿨하게 떠났다. 감사인사를 몇 번이나 하면서 마음속으로 다짐했다. '빨리 중국어를 배워야 해!'

직원 가족이 공항경찰이라 비행기에서 내리자마자 귀빈석으로 안내되어 어리둥절했다. 나와 인수인계할 전임지부장과 직원들이 거기서 기다리고 있었다. 이민국 직원인 듯 보이는 사람이 여권과 입국 서류를 손수 받아서 갔다. 와~ 이런 호사를! 이젠 다 끝났다며 긴장을 풀려고 하는 순간 갑자기 2미터는 되어 보이는 거구의 직원이 손짓하며 불렀다. 얼떨결에 혼자 이민국에 가니 화난 투로 취조하듯 뭐라 말하는데 알아들을 수가 있어야지. 불어를 못 한다는 게 이렇게 참담할 수가. 이민국 직원은 열심히 불어로 취조하고 나는 열심히 영어로 설명하고. 영어 할 줄 아는 사람 없냐고 소리쳤더니 다들 No라고만 했다. 비자 서류에 뭐가 빠졌다고 하는 것 같은데 주변에 도움 청할 사람들이 없었다. 귀빈실에 함께 있던 직원들은 다 어디 있는 거야? 한참 기다린 끝에 전임 지부장과 직원들이 이민국까지 찾아와 겨우 빠져나올 수 있었다. 빨리 불어를 배워야 해! 갑자기 2개의 언어를 배우게 생겼네. 중국어, 불어. 게다가 차드는 아랍어까지 배워야 한다. 앞으로 머리 터지게 생겼다.

사막 전사들과 화이팅을 외치며

한국에서는 생소한 나라 차드는 면적이 128만 4천㎢로 한반도의 5.8배 크기이며 국토의 반이 사막이다. 아프리카의 중앙에 위치에 있으며 북은 리비아, 동은 수단, 서쪽은 니제르와 나이지리아, 남쪽은 카메룬과 중앙아프리카 공화국과 인접해 있는 내륙국이다. 전체 인구는 1,500만명(2015년 기준), 181개 종족으로 구성되어있고 공식 언어로 불어(1960년까지 프랑스 식민지 였다)와 아랍어를 사용한다. 시골주민들은 대부분 아랍어를 사용하고 수도 은자메나를 중심으로는 불어권이다. 프랑스로부터 독립 후 24년간이나 내전이 지속되었으며 오랜 내전과 부정부패로 아프리카의 죽은 심장이라고 불리기도 했다.

기후는 고온 건조한 사막성 기후이며 평균기온 40도, 북부는 황량한 사막이고 중부지역은 유목민들이 낙타, 양, 당나귀 등을 사육하고 남부 지역은 차드 호수로 인해 농업이 가능하며 주요 농작물로는 면화와 땅콩(거리에서 꼬마들이 페트병에 볶은 땅콩을 넣어 팔고 있다)을 생산하고 있다. 석유와 우라늄 등의 지하자원이 풍부하나 산업 인프라가 부족해 수도 은자메나를 제외하면 도로, 전기, 상하수도가 제대로 갖춰져 있지 않다

종교는 무슬림이 50%, 개신교와 가톨릭을 합해서 30%로 세계에서 유일하게 무슬림과 기독교 사이에 분쟁이 없는 나라이다. 전해들은 얘기로는 종교분쟁을 일으킨 사람들을 처형한 후부터 지금까지 평화가 지속되고 있다고 한다. 다른 아프리카 국가에 비해 수도 은자메나 지역은 치안이 괜찮은 편이다. 케냐에서 심심찮게 벌어지는 강도행각이 여기서는 뜸하다. 그 이유 또한 전해들은 소식으로는 대통령이 강도들을 잡아 처형한 후부터 치안상태가 좋아졌다고 한다. 평화와 안정을 위해 치른 피의 댓가가 무시무시하게 다가온다.

차드는 세계 10위 안에 드는 게 많다. 높은 기온, 높은 물가, 부정부패, 기아지수, 5세 미만의 유아 사망률, 빈곤율, 문맹률 등이다. 몇 년 전 부정부패 지수 세계 1위를 한 후 거리마다 현수막에 부정부패 척결을 달아놓았다. 이런 나라지만 사막전투에서 한 번도 패전한 일이 없다고 해서 사막전사의 나라라고도 한다. 사막전사라고 하지만 차드 사람들의 첫 인상은 근육질 보다는 키가 크고 호리호리한 편이다. 대부분 무슬림 전통복을 입고 있어 아프간 사람들로 착각할 뻔했다. 모스크에서 외치는 '알라 아크바르(신은 위대하다)~' 아잔 소리(이슬람교의 예배시간을 알리는 소리)도 똑같아 아프간에 있는 듯한 착각을 일으켰다.

어쨌든 아프리카의 죽은 심장이라는 치명적인 이름보다는 '사막전사의 나라'라는 긍지로 일을 시작하고 싶다. 전사들이니 파이팅이 넘칠 것이다. 이런 긍정적인 생각과 희망을 품으려고 하는데 벌써 공무원과 교사들이 파이팅을 하고 있다. 벌써 5개월째 임금 인상을 위해 파업하고 있단다. 학교가 문을 닫았고 학생들은 수개월째 그냥 방치되어 있는데도 대통령도, 교육부와 교육청도 다들 손 놓고 있다. 우리 아이들만 몇 달째 손해보고 있는 것이다. 앞으로 할 일이 참 많을 것 같아 뒷골이 땡긴다.

차드니까 그래~

10년 넘게 필드에서 쌓아왔던 내 경험과 상식이 차드에서 한 순간에 무너진다. 집 계약, 업자 계약, 고용 계약 등에 있어 황당한 일들이 자주 벌어진다. 말도 안 된다며 왜 기본과 상식을 지키지 않냐고 따지지만 "차드니까." 라는 대답 한마디에 외국인들은 더 이상 아무 소리 못한다.

현지인으로부터 가장 많이 듣는 소리가 "당신은 차드 사정을 잘 모른다."이다. 맞는 말이다. 차드 사회의 특수한 문제들에 대한 답을 다른 곳에서 얻을 수 없다. '내가 다른 나라에 있을 때는~, 그 나라에선 이런 경우 이렇게~' 하며 내 짧은 경험으로 자꾸 판단하려 드는 것은 잘못된 것이다. 경험은 어차피 한정적이고 개별적이며, 세상은 끊임없이 변하기 마련이다. 똑같은 국가가 없고 국가 안에서도 지역마다 문화가 다르고 사고방식이 다르다.

직원들과 첫 미팅할 때였다. 직원들의 첫인상은 키가 다들 크고 인상은 호전적이거나 방어적으로 보였다. 첫 시간이니 소개와 함께 국제개발의 흐름과 우리의 위치, 업무자세 등을 설명한 후 질문을 받았는데 가히 충격적이었다. 근무 시간에 사적인 행동 하지 말고 일에 집중하라고 했더니 (이 사람들은 근무 시간에 마음 놓고 영화를 본다) 한 직원이 월급이 적어서 그렇다며 월급 인상하면 집중해서 일하겠다고 했다.

또 트레이닝을 많이 할 것이니 나를 믿고 잘 따라오라고 했더니 한 직원이 뭘 믿고 따르냐고 디렉터가 잘하면 따를 것이고 못하면 안 따를 것이라고 했다(물론 그렇게까지 막 이야기 하진 않았겠지만 내가 불어를 못하니 통역의 힘을 빌어 의역하면 이런 뜻이다). 내가 예상한 것보다 조금 선을 넘은 것 같다. 직원들의 수준, 무슬림 사회에서 여성 지도자에 대한 낮은 신뢰도, 조직문화와 분위기 등이 결합되어 이런 태도를 형성하는 것 같다. 이로써 이들에 대한 진단은 끝났다. 힘도 들고 시간도 걸릴 것이지만 이들의 눈높이에 맞추어 훈련해 나가겠다. 사막전사라고 너무 전사스러워 탈이다.

신기하고 이상하고 재미있는 일들

1. 가스 선물 ¯ 직원들이 근로자의 날이 다가온다며 선물을 뭐로 할지 물었다. 근로자의 날이 공휴일인데 선물도 해야 하냐고 물으니 매년 그렇게 했다고 한다. 직원들과 의논해서 결정하라고 했더니 1위를 한 게 바로 이것이다. 어머나, 세상에~ 직원 선물로 가스통을 주기는 생전 처음이다. 졸지에 가스를 선물로 주는 사람이 돼버렸다. 직원들이 가스통을 오토바이에 매달고 신이 나서 퇴근한다. 가스 주고 흐뭇하다.

2. 수세미 지우개 ¯ 강의하다 화이트보드 지우개 없냐고 하니까 얼른 이걸 갖다 주었다. 한국에서 사용하는 스폰지 수세미다. 앞면이 파랗고 뒷면에는 스폰지만 있는 청소할 때 쓰는 수세미. 얼떨결에 수세미를 받고 잠시 당황했다. 이걸 왜? 아~ 뒷면 스폰지로 지우라는 거구나. 다용도인줄 이제 알았다. 발상의 전환!

3. 도로 위의 강적 ¯ 한국과 케냐에서 꽤 운전을 잘했는데 여기서는 운전대를

잡으면 벌벌 떤다. 두가지 무서운 게 있는데 조폭 수준의 오토바이들(거리의 무법자들이다)과 가축 떼들이다. 염소는 그나마 귀여운 수준인데 큰 소 떼들이 도로를 점령해 마주 오면 꼭 차량을 향해 돌진하는 느낌이 든다. 저 뿔에 살짝만 건들려도 즉사할 것 같아 꼼짝 않고 있으면 순둥순둥하게 잘도 지나간다. 괜히 겁먹었네!

4. 왕 바퀴벌레 ‾ 직원 트레이닝 중이었다. 앞에서 화이트보드에다 열심히 쓰면서 열강하고 있는데 직원들의 표정이 살짝 이상하다. 나를 보는 것 같은데 얼굴 쪽이 아니라 자꾸 아래쪽을 쳐다보다가 웃다가 한다. 우리 사무장이 갑자기 "지부장님, 가만히 계세요."라고 하면서 휴지를 가지고 내게 왔다. 엄지손가락보다도 더 큰 바퀴벌레가 발등으로 올라가 다리를 타고 좀 더 위로 올라오고 있었던 것이다. "옴마야~" 직원들 앞에서 차마 비명은 지르지 못했지만 잠시 얼어붙었다. 직원들이 얼마나 재미있었을까? 차드 사람들이 크니 바퀴벌레도 크다.

5. 개미 떼의 습격 ¯ 방에 개미 몇 마리가 보이길래 에프킬라를 뿌렸다. 잠시 다른 일 하다가 보니 몇 마리의 개미가 어느새 몇 백 마리로 증가해 있었다. 이 독특한 개미 집단은 동료가 죽는 것을 보고 라이언 일병 구하기처럼 모든 개미전사들을 총동원한 듯했다. 에프킬라를 뿌리면 뿌릴수록 개미의 숫자는 몇 배로 증가해 무섭기까지 했다. 장기 거주한 한인들에게 물어보니 그럴 때는 절대 뿌리면 안 되고 그냥 두면 다시 자기 집으로 돌아간다고 했다. 30분이 지나니 정말 다들 감쪽같이 사라졌다. 동료들의 시체까지 다 가지고. 의리 있는 집단이다. 그날 나는 꿈속에서 개미떼의 습격을 받았다.

집 찾아 삼만리

2개월 가까이 30여 군데 집을 보러 다녔다. 좋은 집은 바라지도 않는다. 단지 물, 전기, 먼지 걱정 안하고 살 수 있으면 좋겠다. 나무창문 틈 사이로 먼지가 스며들어 만성기관지염이 생겼다(같이 발령받은 튼튼한 우리 사무장도). 바닥은 닦아도 닦아도 발자국이 남을 정도로 먼지가 계속 쌓인다. 수도와 전기는 이틀에 한번 꼴로 끊긴다. 기술자를 부르면 '금방 갈게요.' 해놓고 며칠이 걸린다. 물탱크의 문제라고 했다가 자동펌프기 어느 부분이 고장 났다고 했다가. 진짜 고장 난 것인지 기술자가 기술적인 것을 잘 모르는 것인지 도무지 파악이 안 된다. 더워 죽겠는데 물이 없으니 씻지도 못해 온 몸이 끈적거린다. 방은 또 어떤가? 무시무시한 개미떼와 도마뱀들과 동거한지 오래다. 도마뱀은 똥을 자꾸 침대 머리맡에 떨어뜨리고(도마뱀이 곤충을 잡아먹어 좋다는 설도 있고 도마뱀 똥이 호흡기에 좋지 않다는 설도 있다) 개미떼는 장롱 옆에 지들 흙집을 자꾸 짓는다. 바닥에서부터 벽 쪽을 타고 올라가며 계속 지어 벽에 흙 줄무늬를 자꾸 만든다. 이 집에서 6개월을 살았는데 일할 때 보다 집에 있을 때가 더 피곤하다. 날씨는 덥고 안정은 안 되고. 아직 계약 기간이 조금 남았지만 집주인에게 더 이상 못 살겠다며 앞당겨 계약 종료하겠다 했더니 계약을 지켜야 한다며 난색을 표했다. 이렇게 집에 문제가 많은 걸 당신도 알고 있지 않냐며 이 집에 계속 있으면 곧 죽을 것 같다고 했더니 웃으면서 다행히 타협해주었다(집주인이 그나마 괜찮은 사람이다. 대부분은 계약을 어길 경우 계약기간의 금액을 다 물어야 한다).

그 후 집 보러 발품을 팔았는데 이게 장난이 아니다. 좀 깔끔하다 싶으면 엄청난 월세를 요구하고(케냐도 월세가 비싼 편인데 이곳은 세계에서 물가 높기로 10위 안에 드니 월세가 어마어마하다) 허름하지만 집 구조나 치안이 적당해서 몇 군데 수리하면 괜찮겠다 싶어 막상 계약하자고 만나면 또 가격을 인상했다. 여기도 건물주가 조물주다. 집 없는 서러움, 외국인이라는 서러움, 돈 없는 서러움을 다 당했다.

우여곡절 끝에 선교사님 도움으로 방 2개 있는 작은 아파트를 얻었다. 컴파운드 내에 2층짜리 건물이 몇 동 들어서 있는데 가끔 외국인도 보였다. 공항 근처라 비행기 이착륙할 때의 소음이 있고 약간 좁은 단점이 있지만 자체 경비가 있어 치안 걱정 안 해도 되고, 자체 발전기가 있어 전기 문제도 해결되었다. 특히 창문이 알루미늄 샤시로 되어있어 먼지 폭풍을 피할 수 있게 되었다.

해외에서 살 때 주거환경은 중요하다. 더운 날씨에 파김치가 되어 집에 오면 편안하게 휴식할 수 있어야 몸과 마음을 재충전할 수 있고 장기전에 돌입할 수 있다. 오늘 드디어 이사완료! 마당에 엄청나게 크고 멋진 경비견 두 마리가 있어 든든하다. 이제 우리 사무장과 함께 열심히 달리는 일만 남았다.

쉬누아가 아니라니깐

차드에 온지 얼마 안 되어 여직원과 함께 바자르(전통시장)에 갔다. 일반 슈퍼마켓은 깔끔하고 세련되었지만 가격이 비싸고 없는 물건도 많아 전통시장을 구경도 할 겸 방문했다. 한국에서도 백화점이나 마트보다는 전통시장을 좋아했는데 그 나라를 제대로 알려면 전통시장을 방문해야 한다. 시장을 한 바퀴 돌아보면 사람들의 주요 먹거리가 뭔지, 옷은 어떤 게 유행인지, 물가는 어느 정도인지 그 나라 사람들의 사는 모습을 들여다볼 수 있어 많은 공부가 된다. 잔뜩 기대를 하고 시장 안으로 들어섰는데 갑자기 "쉬누아, 쉬누아."라며 여기저기서 웅성거리는 소리가 들렸다. 중국인이란 뜻의 불어식 발음이다. 시장 통 사람들이 외국인들을 많이 봤을 텐데도 우리와 눈이 마주치는 사람들은 그냥 지나가는 법 없이 한마디씩 했는데 그 목소리는 점점 더 커지더니 순식간에 주위에 사람들이 모여들어 쉬누아 떼창을 했다.

케냐에서는 아이들이 무중구(외국인)라며 그렇게 따라다니며 외치더니. 그래도 이건 약과다. 아프간에서는 치나(차이나)라고 불렀는데 아프간의 경우 실제로 중국여성들이 들어와서 매춘행위를 하는 바람에 길거리를 다니다보면 "니 하오, how much?"라는 말을 몇 번 들었다. 중국사람

아니라고 아프간 말로 인상 쓰면서 응답하곤 했었다. 그들은 이슬람이 아닌 종교는 성적으로 자유롭다고 생각하는 경향이 있다. 미국이나 유럽 영화의 영향인 부분도 크다. 한 예로 기독교로 개종하면 성적으로 자유로울 수 있냐며 선교사를 찾아오는 현지인 남자도 있었다.

바자르에서 제대로 구경도 못하고 몇 가지 물품을 사가지고 얼른 나왔다. 아니라고, 아니라고! 하도 소리를 질러 머리가 지끈거렸다. 다시는 바자르에 못 갈 것 같다. 가더라도 무슬림 여성처럼 완전무장을 하고 가야겠다.

> 그 후로도 나는 길거리에서 쉬누아와 니하오를 수없이 들어야 했고 그때마다
> 한국인이라고 정정을 해주었다.

강적을 만나다

근무시간에 슬그머니 사라졌다 눈치도 안보고 과감하게 들어오는 직원, 연락도 없이 가족이 아프다며 늦게 오거나 아예 결근하는 이, 사무실 이사하기 전에 전기와 수도 수리, 점검을 요청했는데도 미적대다가 이사 당일 니들이 알아서 고치라는 건물주… 심기를 건드리는 것이 한두 가지가 아닌데 화장실이 고장 나서 기술자 불러 수리하라고 했더니 그마저도 한 달째 감감무소식이다. 할 수 없이 물통을 사다가 채워두고 바가지로 변기에 물을 붓고 있다. 내 방 형광등이 고장 났다고 몇 번을 얘기해도 수리하지 않는다. 비오는 날은 손전등을 사용하거나 아니면 아예 눈에 불을 켜고 일해야 한다. 컴컴한 방으로 결제서류를 들고 오는 직원들은 그냥 웃으면서 바라볼 뿐이다(내 방은 유난히 어둡다).

그동안 수고한 마을 봉사자들에게 선물할 쌀을 구입해서 창고에 나르는데 우리 운전기사들이 수당을 안 주면 안 하겠다고 한다. 자기들은 운전만 하면 되지 왜 이런 것까지 날라야 하냐고. 안 되겠다 싶어 직원들 모두 같이 하자고 했더니 다들 컴퓨터 모니터만 뚫어져라 쳐다보고 엉덩이에 껌이라도 붙은 것처럼 꼼짝을 안한다. 그래서 이런 일엔 한국 스텝들이 주로 동원된다.

뭘 시키면 계약서에 없는 내용이라(그래서 계약서의 상세 업무 란에는 항상 기타 사항을 넣는다. 기타 디렉터나 매니저가 지시한 사항 등) 주장하고 추가적 보상을 요구한다. 그 동안의 훈련은 머릿속에만 갇혀 있는 것 같아 주저앉다가도 '그래, 여기가 차드지.' 라고 생각하면 이해가 된다.

한국이 50년 만에 빈곤을 벗어난 이유가 근면성, 부지런함 때문이라고 직원들에게 반복적으로 말했지만 따지고 보면 한국은 그나마 사계절이 있고 적당한 비 등 자연환경이 받쳐주니 인적자원개발도 성공한 것이다. 지난 5개월간 비 한 방울 구경 못하는 나라에서 야근이니 일 중독 자랑하는 것은 사람 잡을 일이다. 그냥 숨 잘 쉬고 멀쩡한 것만으로도 만족해야지 뭔가 대단하고 위대한 일을 만들려는 것 자체가 욕심이다.

어떤 한국 분이 말한다. 맨 정신으로 이 나라에서 살기 힘들다고. 요즘 한국 스텝 안에서도 맥주 의존, 에너지 드링크 의존이 나타나고 있다. 생존을 위한 몸부림같이 본능적으로 찾게 되는 차고 달달한 음료들. 한국에서는 쳐다보지도 않던 환타, 에너지 드링크를 시도 때도 없이 마신다. 이러다가 한방에 훅 갈 것 같다. 정신 줄 잡아야지.

여름방학 프로그램

시골사업장내 2개 초등학교에 시범적으로 여름방학 프로그램을 운영했다. 직원들과 교사들이 의논한 끝에 프랑스어, 수학 그리고 전통 댄스 교실을 과목으로 선정했다. 우리 기관에서는 교사 수당과 아이들 간식을 지원했다. 방학이라 참여하는 아이들이 많지 않을 거라 생각했는데 2개월 동안 두 학교 합쳐 3백여 명이나 되는 아이들이 출석했다. 드디어 오늘이 수료식 날이다. 교사와 수료하는 아이들만 참석하는 줄 알았는데 동네 어르신들, 지역운영위원, 학부모 할 것 없이 엄청난 인파가 모여 있어 마치 마을 축제를 연상케 했다. 한 아이를 키우기 위해 온 마을이 필요하다는 유명한 아프리카 속담이 생각났다. 아프리카 행사의 공통점은 연사들이 많다는데 있다. 겨우 2개월 특별활동에 대한 수료식인데 거창한 행사처럼 교장선생님, 학부모 대표, 운영위원회 대표까지 나를 포함해서 예닐곱 명의 개회사, 축사 등이 이어졌고(한 사람의 스피치는 거의 10분 이상이다. 나는 항상 3분 스피치다) 아이들은 그동안 갈고닦은 실력으로 댄스 공연을 펼쳤다. 차드 댄스는 가슴과 팔을 마구 흔들어대는 춤이다(사실 여성들은 가슴을 내밀고 흔들어서 처음 볼 땐 좀 민망하기도 하다). 저 춤 따라하면 웬만한 살도 다 빠질 것 같다. 꼬마 아이건 어른이건 다 같이 따라하는 모습이 참 재미있었다. 댄스 공연이 끝나고 한 명씩 나와서 웅변 같은 것을 했다. 통역하는 직원한테 지금 뭐라고 하는지 물었더니 불어반 아이들이 방학 때 배운 불어로 시를 지었다며 자신의 꿈과 비전, 차드의 미래, 우리 기관에 대한 감사함 등을 낭송하고 있다고 했다. 문맹률이 52%나 되고, 문자 해독률 17% 밖에 안되는 차드에서 초등학생이 불어로 시를 지어 공개적인 장소에서 낭송한다는 것은 매우 의미 있는 일이라 무슨 뜻인지는 몰라도 한 명 한 명 끝날 때마다 손바닥에 불이 나도록 박수를 쳤다. 그간 이 프로그 램을 진행한 직원들과 교사들의 수고와 노력이 스며있어 감동적인 시간 이었다. 장기간의 파업으로 학교 정규 수업도 제대로 못했을 텐데 여름방 학 프로그램으로나마 교육을 보충할 수 있게 되어 다행이다.

행사를 마치고 돌아오는데 음식이 준비되어 있다며 식사하고 가라고 붙 잡았다. 한 교실로 들어서니 큰 쟁반에 밥이 태산같이 쌓여 있고 그 위로 찐 생선 토막이 가뭄에 콩 나듯 여기저기 놓여 있다. 젊은 선생님이 주전 자를 들고는 나보고 손을 씻으라고 한다. 내 손에 조심스레 물을 부어주고 는 비누조각도 건네준다. 마을 어른들과 함께 쟁반 주위에 빙 둘러 앉아

손으로 생선을 뚝뚝 떼고 밥도 퍼먹었다. 맨 손으로 먹을 때는 흘리지 않
도록 조심해야 하는데 난 잘 안된다. 푸석푸석한 밥과 비릿한 생선이지만
먹을 만하다. 맛있다고 하니까 어르신들이 좋아하신다. 이럴 때 마을 어
른들과 깊은 대화를 나누어야 하는데 내 불어와 아랍어 실력은 아직 열 문
장 내에서만 맴돌고 있어 죄송하다. 옆에 앉은 직원이 통역을 하는데 마을
어르신들이 방학 때마다 Summer School을 하면 안 되냐고 물으셨단다.
계속하길 원하시냐고 물으니 아이들이 방학 때라도 제대로 배우는 것 같
아 흐뭇하다고 하시며 매년 했으면 좋겠다고 하신다. 마을에서 원하고 아
이들의 호응도가 좋으면 매년 가능하다고 했더니 활짝 웃으셨다. 가난을
이유로 아이들을 학교에 보내지 않는 사람도 많은데 가난한 시골마을의
어르신들이 아이들의 교육에 관심을 가지니 참 든든하고 훈훈하다. 학교
가 아이들에게 꿈과 희망을 주고 이 아이들을 통해 마을 또한 희망의 물결
로 이어지는 것 같아 뭉클한 마음에 생선 가시를 열심히 발라냈다.

마을 가는 풍경

오랜만에 시골마을 사업장에 모니터링 차 방문했다. 한번 들어가면 몇 시
간이 걸리니 가는 길에 간식으로 튀김 한 봉지를 샀다. 단순하게 밀가루
반죽에 소금을 넣어 작게 튀긴 것이다. 오래된 식용유 냄새가 조금 났지만
바삭한 게 꽤 맛있었다. 한 두개만 먹으려다 맛있어서 더 먹었더니 배가
살살 아프다. 괜찮아야 할 텐데.

　사무실에서도 직원들 간식을 가끔 뺏어먹는데 불량식품 같이 보이지
만 달달한 게 맛있다. 직원들이 맛있게 먹는 날 보며 배는 괜찮냐고 묻기

도 한다. 차드 간식은 자주 배탈을 일으킨다. 유독 한국인에게만.

출장 때는 항상 변수가 많다. 지난주에는 시골마을에서 미팅참석하고 돌아오는 길에 돌풍을 만났다. 사막에서 부는 바람은 앞이 보이지 않을 정도로 온 세상을 순식간에 뿌옇게 만들어 버렸다. 전조등을 켜도 앞이 잘 안 보여 교통사고 나기 십상이다. 모든 차들이 속력을 내지 못하고 휘청휘청 움직이고 우리 픽업 차도 마치 차가 바람에 날려가는 듯 위태위태하게 움직였다. 게다가 도로가 먼지로 뒤덮여 비포장 도로 같이 변해버렸다. 이 사막의 돌풍은 학교 지붕도 휴지조각처럼 뜯어내고, 간판을 떨어뜨리고 가로등도 넘어지게 만들 정도다. 평온했던 사막이 미친 듯이 요동치는 모습에 무서움과 경이로움을 느꼈다. 예전에 어떤 외국 분이 집 근처에 잠깐 드라이브 하고 오겠다고 나갔다가 길을 잃어 며칠 만에 죽기 직전의 상태로 발견되었다고 할 정도로 사막은 그 모습을 수시로 바꾼다.

　오늘은 시골마을로 들어가는 입구에서 타이어가 펑크 났다. 수도 은자메나의 중심 도로만 포장이 되어 있을 뿐 시골마을로 들어서면 길도 없고 이정표도 없어 덤불이나 돌짝 길을 피해 운전을 잘해야 한다.

스페어 타이어로 갈아 끼우는 동안 염소를 몰고 가는 목동도 만나고 물동이를 인 아낙네도 만났다. 이 대낮의 땡볕에도 먼 길을 걸어 다닌다. 다 떨어져가는 쪼리 신발에 의지한 채…

　돌아오는 길에는 폭우를 만났다. 마른 땅이 30여분 만에 웅덩이로 금방 변해 베테랑인 우리 운전사도 곡예운전을 하며 웅덩이를 건넜다. 쏟아지는 비를 피해 길 옆 허름한 식당에 들어갔다. 둥근 쟁반에 낙타고기와 양파 볶은 것, 바게트 빵이 담겨 나왔다. 둘러앉아 손으로 바게트 빵을 뜯어 고기를 싸먹었다. 고기가 부드러워 우리나라 소불고기처럼 느껴졌다. 내리는 비를 바라보며 먹는데 문득 이런 게 소확행이 아닐까 생각이 들었다. 직원들과 쭈그리고 앉아 쟁반에 담긴 고기를 나눠 먹으면서 도란도란 얘기하는 것. 사무실에서 문서와 씨름하면서 대하는 직원과 이렇게 허름한 식당에서 같이 무언가 먹을 때의 직원은 느낌이 확연히 다르다. 서로 신경전도 없고 가르치려 들지 않아도 되고 오히려 이들에게서 많이 배우는 시간이다. 여기서 먹을 때 주의할 점이 있다. 맛있다고 다 긁어먹으면 안

된다는 것이다. 예전엔 멋도 모르고 빡빡 다 긁어먹어 직원들이 나를 빤히 쳐다봤었다. 자기나라 음식을 잘 먹는 게 신기해서 쳐다보는 줄만 알았다. 주변에 어린 눈망울들이 기다리고 있는 것도 모르고. 오늘은 정말 조금 먹었다. 직원들은 남아있는 고기를 신문지에 싸서 뒤에서 지켜보는 아이들에게 건네주었다. 자신들도 배부르게 먹지 못했으면서… 그 작은 행동에서 많이 배운다.

새해 첫 직원미팅

우리 직원들은 기독교인과 무슬림이 절반 정도 섞여 있다. 서로 간에 종교적 갈등이 없고 서로의 종교를 존중해 준다. 성탄절에는 기독교인 직원들이 무슬림을 초청해서 같이 파티하고, 라마단 이드(라마단 마지막날) 때는 무슬림 직원들이 기독교인을 초청하여 같이 먹고 마신다. 무슬림들은 금주하는 것으로 알고 있는데 술 마시는 무슬림들을 차드에선 꽤 본다. 알코올성 음료를 파는 곳이 정해져 있긴 한데 아프간처럼 술 파는 곳이 외국인

거래처나 호텔 외에는 없는 것과는 달리 이곳은 주유소 편의점이나 술가게에서 쉽게 구입할 수 있다. 기독교인들은 자유롭게 술 퍼마시고(한국 기독교인들이 술을 가급적 자제하는 것과는 사뭇 다르다) 무슬림들은 눈치껏 술을 마시는 것 같다. 물론 신실한 무슬림들은 철저하게 금주와 기도를 지킨다.

새해 첫 주는 언제나 분주하다. 조직개편과 인사이동, 직원 재계약과 샐러리 책정, 정책변경 논의, 그리고 내가 가장 중요하게 생각하는 직원 역량 강화훈련까지 마쳐야 한다. 연말에 어떤 훈련으로 새해를 시작할까 이것저것 구상하다 첫날은 각자 새해 소원과 각오를 나누기로 했다.

대학원을 가고 싶다는 직원, 질병이 있어 건강을 기원하는 직원, 결혼이 목표라는 직원도 있고, 다섯 번째 아이를 갖고 싶다는 무슬림 직원도 있다. 그만 낳지, 부인 고생하게…. 게다가 부인을 한 명 더 두고 싶다는 또 다른 무슬림 직원(무슬림은 3명까지 가능하다)도 있다. 부인 둘을 둔 직원이 부러웠나 보다. 서로 나누었으니 생각날 때마다 서로를 위해 기도하자고 했다. 나도 벽에 붙여놓고 직원들을 위해 기도해야겠다(부인 둘 두게 해달라는 직원 소원을 어떻게 비틀어버릴까 고민이다).

올해 처음으로 차드 지부의 비전과 미션을 직원들이 직접 세팅하게 했다. 그동안 한국 본부나 지부장의 지도하에 세팅되고 운영되었던 부분을 대폭 수정했다. 이들이 의논하면서 나아갈 방향을 정하고 소통으로 협의에 이르게 하는 과정은 이들의 책임의식을 기를 수 있고 바라던 바 역량강화로 이어질 것이다. 직원들이 처음엔 어려워하더니 서툴지만 하나씩 의논하면서 만들어 나갔다. 전 세계 지부 중에서 10위 안에 들 정도로 직원 역량을 높이자는 것도 있고, 학교 건축을 몇 개 더 하자, 아이들의 학교 중도 탈락율을 낮추자, 지부 사업을 더 확장하자, 프로그램을 더 늘리자는 의견도 있었다. 황당무계한 것도 있고 부담되는 것도 있었지만 직원들이 열정적으로 뭔가를 꿈꾸고 계획하면서 에너지와 단결된 힘이 모아지는 것을 느꼈다. 이들이 직접 만든 비전과 미션이 이들에 의해 성취되는 것을 지켜본다는 것은 참 보람 있는 일이다.

작년에 직원훈련을 나름대로 했다고 생각했는데 훈련성과가 크지 않았다. 이들의 성장속도를 맞추지 못하고 너무 성급했다. 많이 좋아지긴 했지만 출근시간 엄수, 무단결근/외출 금지 같은 아주 기본적인 것도 제대로 지키지 못하고 있다. 기본이 부족하다 판단하고 베이직부터 다시 시작하기로 하고 인내심을 가지고 속도를 맞추기로 했다.

3일 동안 우리 기관의 사명을 다시 한번 점검하고, 지역개발의 개념과 의미, 우리의 자세를 짚어본 후 워드, 엑셀, 파워포인트를 비롯 컴퓨터의 기본과 문서작성법과 문서의 기본요소, 문서가 의미하는 것, 사인한다는 것의 의미, 이메일 작성법 등도 가르쳤다. 운전직 직원들도 배우기를 원해서 함께 가르쳤다. 이제 운전사들이 직접 컴퓨터로 작성한 일지를 받아볼 수 있을 것이다. 처음 있는 일이다. 새해 첫 주여서 그런가? 직원들의 집중도가 높다. 아무튼 올해 천천히 지속적으로 끈기 있게 직원들의 숨통을…

차드의 한인들

열악하고 척박한 환경일수록 거기 사는 사람들은 착하고 정이 넘친다는 말이 있다.

차드에는 한국인이 8가정 20여명이 살고 있다(자녀들은 대부분 해외 유학가 있다). 사업가, 선교사 그리고 우리 직원들. 우리를 제외하면 대부분 차드에서 10년 넘게 살았다. 대부분 불어, 영어, 아랍어 등 기본 2개국어는 하시는 능력자들인데 고온 건조한 날씨, 사막먼지, 풍토병, 부정부패, 높은 물가 등 이 모든 것을 날마다 경험하면서 10년 이상 살고 있다는 것은 엄청난 내공의 소유자임을 증명한다. 아무 것도 안하고 숨만 쉬고 살아도 힘든 나라이기에 충분히 존경받을 만한 분들이다.

열악한 환경이니 서로 기대고 의지하면서 살아가게 된다. 흔한 편 가르기도 없고 평소에도 자주 함께 먹고 함께 논다. 서로의 생일도 함께 챙기고(한국에서도 안 챙기는 생일을) 1년에 한 두번 중국배추가 나오면 김치를 만들어 서로 나누기도 한다. 여기서는 금덩이보다도 귀한 한국식품이 생기면 서로 초대하여 대접한다. 한국에 다녀올 때면 다들 선물도 챙긴다. 한국에 있을 때는 거들떠도 안 보던 사탕, 초코파이, 과자, 라면이 여기서는 엄청난 힘을 발휘한다. 추석, 설 명절이나 성탄절에는 다 같이 모여 음식도 만들어 먹고 윷놀이도 함께 한다. 저녁밥 하기 싫을 땐 중국식당에 모여 중국어밖에 할 줄 모르는 주인아줌마한테 손짓발짓으로 짬뽕맛 국수를 시켜 먹기도 하고(잘못 시켜 여러 번 다른 음식이 나오기도 했다) 내기 탁구해서 피자와 음료수를 쏘기도 한다.

이곳에 오래 살면서 웬만한 질병에는 다 걸려본 경험이 있어 다들 의사 수준이다. 이렇게 아플 땐 이걸 먹고 저렇게 아플 땐 또 어떤 약을 먹어야 하는지 거의 다 아신다.

차드에 온지 1년이 지나니 몸에 하나씩 반응이 온다. 만성 기관지염, 만성위염, 만성방광염… 먼지, 건조함, 더위 등은 건강을 점점 잃게 만든다.

한번은 면역이 떨어졌는지 팔에 물집이 생겼다. 나는 단순 피부병인 줄 알고 연고만 바르고 있었다. 같이 사는 사무장의 대상포진인 것 같다는 말에 선교사님께 병원동행을 부탁드렸다. 근처에 프랑스 의원이 있는데 불어를 못하니 신세를 질 수 밖에. 프랑스인 할배 의사는 말이 많고 좀 끈적거리는 스타일인데 중간에서 잘 처리해 주시고 약국에서 약까지 타다 주셨다. 하루라도 더 늦게 갔더라면(대상포진은 발생 후 3일 안에 치료받아야 빨리 낫는다) 몇 달을 더 고생했을 것이다. 그 후로도 한국 직원들 주치의 노릇을 해주시는 우리 선교사님, 늘 감사한 분이다.

이 작은 공동체를 통해서 적잖이 위로도 받고 안정감도 누린다. 우리에겐 권력자도 부유층도 없다. 많은 지식을 가진 학자도 박사도 없다. 다들 소박하게 근근이 살아가는 사람들이다. 그래도 서로 돕고 아낌없이 나눈다. 근래 보기 드문 공동체다.

노후에 마을 공동체를 해보고 싶다. 직장인, 노인, 아이들, 모자가정, 다문화 가족이 한 커뮤니티에 살면서 서로 돕고 나누는 소박한 공동체를…

수단 난민캠프

1박 2일 일정으로 가가 난민촌에 다녀왔다. 학교 완공식에 참석하기 위해서다.

가가 난민촌은 차드 동부에 위치한 수단 난민촌으로 약 30만 명의 수단 난민 중 2만5천명이 가가캠프에서 살고 있다. 케냐의 카쿠마 캠프와 마찬가지로 이곳도 장기 정착촌이다. 이 중 만 명 이상이 학령기 아동들이다.

UNHCR과 파트너십을 맺으면서 교육 프로그램을 지원하기로 결정하고 지역의 필요를 조사하니 가장 시급한 것은 난민캠프 내 수해로 무너진 학교의 재건축이었다. 홍수로 인해 흙벽돌로 건축된 학교 10여 개가 붕괴되었고 그 붕괴된 건물 바닥에서 아이들이 쪼그리고 앉아 공부하고 있었다. 현지답사를 마치고 무너진 초등학교 교실 6칸과 교무실, 화장실 그리고 중등학교 교실 3칸을 건축하기로 결정했다. 처음엔 보수할 계획이었으나 흙벽돌로 지어진 건물이라 보수가 불가능하여 신축으로 변경했다.

12인승 유엔 경비행기를 두 번 갈아타고 유엔에서 제공한 차량과 군인들과 함께 사막길을 한참 달려 UNHCR 컴파운드에 도착했다. 가가 캠프의 유엔 컴파운드는 작고 소박하다. 그동안 소통했던 크로아티아 공화국 출신 사업담당자는 합리적이고 실용적인 서양인들과 달리 정이 많고 세심하게 안내했다. 오후에는 인상 좋고 털털한 캠프 대표자와 미팅을 했는데 자기 차량을 우리에게 제공해 주기도 했다. 다음날 새벽에 행사장소로 출발하는 일정이라 일찍 잠자리에 누웠다.

아침 일찍 식당에 들어서니 사업담당자가 자기가 직접 만든 음식이라며 권했다. 사막길이라 차가 많이 흔들려 자칫 멀미할 수 있으니 이 음식을 먹으면 괜찮을 거라며 죽 같이 생긴 것을 덤뿍 담아주었다. 입엔 맞지 않았지만 정성에 감동하여 맛있게 먹었다. 식사 후 군인을 동반한 차량들이 줄지어 나갔다. 행사장으로 곧바로 가는 줄 알았는데 지역 군수님 관사로 이동해서 구두 허가를 받고 함께 행사장으로 이동했다. 난민들을 위한 행사지만 지역 관할 단체장에게 보고하고 허가를 받는 프로세스였다. 완공된 학교 운동장에는 웬만한 정부 고위 관계자들이 다 참석했고 국영 TV

까지 동원되었다. 몇몇 NGO 대표들, 교사와 학부모, 그리고 주인공인 학생들은 아침 일찍부터 땡볕에 일렬로 서있었다. 언제나처럼 십 여명 이상의 내빈들이 아랍어, 불어로 기나긴 연설을 하고 초중등 학생들은 강한 햇볕 아래서 숙달된 냥 잘 견디고 있었다.

　며칠 동안 연설을 어떻게 준비해야 할지 고민했다. 이곳에서 태어나 자란 아이들에게 '열심히 공부해서 너희 나라로 돌아가 훌륭한 지도자가 되거라!'고 할 수도 없고 차드에서 훌륭한 사람이 되라고 하기엔 제약이 많은 무국적 아이들! 어쨌든 지금은 학생의 신분으로서 열심히 배우는 수 밖에 없다. 한계상황에서도 배움은 그 한계를 넘을 수 있게 더 많은 기회를 제공한다.

햇볕 아래서 떠들던 아이들이 내가 스피치를 하자 조용해졌다. 특히 여학생들이 더 집중을 했던 것 같다. 여성 지도자가 드문 수단 사회에서 작은 동양 여성이 뭐라 뭐라 소리치는 게 신기했나 보다.

그동안 비가 오면 쉽게 무너지는 흙벽돌 교실에서 불안하게 공부하던 아이들이 이젠 아무리 비가 와도 무너지지 않을 콘크리트 건물 안에서 보다 안정되게 공부할 수 있어 다행이다. 아이들에게 좀 더 밝은 미래를 가져다 줄 수 있게 어른들이 더 노력해야겠다. 이 프로그램을 위해 UNHCR과 정부관계자들, 건축업체 등과 조율하고 관리한 우리 훈남 활동가는 건강이 나빠진 상태에도 불구하고 완공식까지 잘 마무리한 후 귀국했다. 뼈도 씹어먹을 청춘이... 이 누나도 잘 견디고 있는데 말이야...

세계 여성의 날을 기념하며

우리나라에서는 대부분의 사람들이 모르고 지나가지만 해외에서는 생각보다 잘 지켜지는 국제행사가 있다. 세계 어린이날(11월 20일), 세계 여성의 날(3월 8일), 세계환경의 날(6월 5일) 아프리카 어린이날(6월 16일)같은 기념일이 몇 개 있는데 오늘은 그런 '날' 중의 하나인 국제 여성의 날(International Women's Day)을 맞아 기념 행사를 개최하였다.

국제 여성의 날은 1975년부터 유엔에 의해 공식적인 기념일로 지정되어 전 세계적으로 매년 기념식 행사를 개최한다. 여성의 날은 1908년 3월 8일, 미국 여성 노동자가 뉴욕에 모여 궐기대회를 연 것에서 유래한다. 당시 여성 노동자는 남성보다 훨씬 더 열악한 조건에서 더 적은 임금으로 일하고 있었다. 그 당시엔 여성에게 선거권과 노동조합 결성의 자유도 없었다. 열악한 작업환경에서 발생한 화재로 여성 노동자들이 사망하자 거리로 뛰쳐나온 여성들은 노동조건 개선과 여성의 지위 향상, 참정권 등을 요구했는데 이때 "우리에게 빵과 장미를 달라!"를 구호로 외쳤다. 빵은 생존권을 장미는 참정권을 의미했다. 이후부터 기념식에서 여성의 날을 상징하는 장미를 나눠 주기도 하고 남성들이 여성들에게 장미를 선물하기도 한다.

차드에서는 여성의 날이면 정부와 각 기관 단체들이 여성들에게 행사 년도와 여성의 날 마크가 찍힌 서너가지 색깔의 옷감을 여성들에게 미리 3,4일 전에 배분한다(좀 미리 배분해야 옷 만들 시간이 넉넉한데 꼭 임박해서 옷감이 나온다). 여성들은 그 옷감을 받아 각자 원하는 디자인으로 옷을 만들어 입고 행사당일에 참석한다. 우리 한국스텝들도 미리 디자인을 생각해 두었다가 옷감을 받는 즉시 양장점에 맡긴다. 이때는 모든 양장점들이 극 성수기라 옷이 금방 만들어지지 않는다. 한꺼번에 수십 벌의 옷을 만들어야 하니 옷값이 평소의 두 배로 뛰기도 한다. 알록달록한 옷을 입은 여성들이 함께 모이면 아프리카 특유의 색깔로 인해 다채롭고 강렬한 아름다움이 느껴진다.

올해는 평화와 안전을 주제로(정부에서 주제를 매년 정해준다) 정부관계자, 지역여성대표자와 여학생 등 백 여명의 사람들과 함께 의미를 나눴다. 작년까지는 여성들만 참석했는데 올해는 남자직원들까지 포함 시켰다. 여성의 권익에 대해 무엇보다 남성들이 알고 배워서 인식의 변화가 먼저 이루어져야 하기 때문이다. 영어, 불어, 아랍어 통역을 거치긴 했지만 여성부에서 나온 강사와 참석자들이 여성과 소녀의 자율성(Autonomization of Women and Girl)에 대해 심도 있는 토론을 이어갔다. 가정폭력, 성차별, 성폭력, 직업의 기회 박탈 등 다양한 주제로 마음에 쌓인 게 많은지 질문들이 끊임없이 이어졌다.

난 요즘 세계적 이슈인 미투 운동에 대해 발표했다. 이 운동에 대해 차드 여성들과 남성들은 어떻게 생각할지 궁금하면서도 자못 조심스러웠다. 뿌리 깊은 전통과 보수적인 종교 분위기로 여성들이 자기 주장을 펼치기 어려운 현실에 고통을 더해 주는 것은 아닐까? 고민하면서 조심스레 이어 나갔다. 강의를 들으며 고개를 끄덕이는 사람, 한숨 쉬는 사람, 머리 흔드는 사람, 말로 표현하진 않지만 그들의 표정에서 다양한 생각들이 전달되었다. 발표 후 몇 명의 여성들이 피드백을 해주었다.

'우리는 아직 그렇게 액션을 취하기에는 갈 길이 너무 먼 것 같다, 그렇게 하기엔 아직 사회적인 분위기가 형성되어 있지 않다, 그렇게 하는 여성이 부럽다, 우리도 빨리 그런 날이 왔으면 좋겠다.' 등의 의견을 내었다. 이 여성들에게서 잠재력과 열정이 보인다. 여성들을 중심으로 한 프로젝트를 하면 잘 운영될 것이다.

적지 않은 세월 동안 많은 이들이 양성평등을 위해 애써왔지만 여성의 사회 · 경제적 지위와 인권은 아직도 갈 길이 멀다. 특히 종교적 보수주의가 강한 나라나 빈곤국의 여성들은 더욱 더 열악하다.

110여 년 전 시작된 여성의 투쟁과 노력은 여전히 계속되고 있다. 이 차드 땅에서도. 빵과 장미가 이 사막지역에서 어떻게 만들어지고 피어날지 나는 계속 관심을 가지고 지켜볼 것이다.

뼈가 녹을 것 같은 나날들

차드의 은자메나는 지금 연중 가장 더운 시기를 지나고 있다. 3월부터 5월까지는 매일 40도 이상으로 낮 최고 기온은 45도까지 올라간다(가장 추운 날은 12월에서 1월로 평균 기온 32도 정도이다. 외국인들에게는 이때가 살 만하다). 대프리카와는 상대가 안 될 정도로 내 생애 가장 뜨거운 날을 보내고 있다. 이 더위를 직접 경험하지 않고서는 한마디로 표현하기 어렵다. 살이 찜통에서 익는 듯, 뼈가 열기에 녹는 듯하다. 사무실은 몇 번의 전기공사에도 불구하고(전봇대를 따로 설치하여 전기를 끌어와야 하거나 전기사정이 좋은 중심가로 이사하는 방법만 남았다) 에어컨은 열기를 뿜어대 히터 역할을 하고 그것도 운행과 정지를 반복해서 무용지물이다. 컴퓨터와 기기들의 열까지 더하면 체감온도는 50도 가까이 될 것 같다. 자판을 두드리는 손가락이 뜨거워 손가락 끝으로 두드리고 노트북은 쿨패드를 사용하는데도 열기를 뿜어내고 있다. 비싸더라도 열에 강한 노트북을 샀어야 했는데… 더워서인지 와이파이나 3G도 끊겼다 연결되었다 한다.

너무 더우니 당 떨어지는 느낌은 기본이고 두통이 생기고 의욕이 마비된다. 견디다 못해 작은 냉장고의 냉동칸을 열어 머리를 들이밀기도 하고 얼린 패트병을 안고 있기도 했다. 평소 혐오하는 설탕 덩어리 음료수를 물 마시듯 들이켜 건강검진 시 혈당 '위험' 선고까지 내려졌다. 한국 한번 갈 때마다 온갖 쿨링 제품은 다 사가지고 왔다. 쿨링 티셔츠, 쿨링 속옷, 쿨링 스카프와 수건, 손선풍기 까지… 약간의 도움은 되나 그래도 더운 건 더운 거다.

한 달을 졸라서(지부장도 총무회계팀 눈치 본다) 물선풍기를 구입했다. 이 물선풍기는 안에 물을 담고 아이스팩을 넣어 사용하는 것인데 바람과 함께 수증기가 같이 나와 일반 선풍기보다 더 시원함을 느낀다. 어떤 가정에서 사용하고 있었는데 에어컨보다는 못하지만 꽤 시원했다. 전기세도 줄이고 가격도 그다지 비싸지 않아 내가 보기엔 금상첨화였다. 사무장이 실용성이 없다며 반대했지만 시범적으로 하나 구입해서 사용해보고 괜찮으면 직원들 방마다 구입하는 것으로 합의했다.

박스를 뜯어 먼저 사용설명서를 읽으니 헉! 40도 넘는 곳에선 사용하지 말라고 되어있다. 진짜 43도를 넘으니 아이스팩을 넣어도 더운 바람과 수증기가 나왔다. 그래도 뜨거운 바람을 일으키는 일반 선풍기보다는 조금

낮다. 매일 물을 갈아주고 물통 청소하는 게 좀 번거롭긴 하다. 사무장에게 꾸중 들을까봐 아무 소리 못하고 매일 열심히 닦고 물을 갈아주면서 열심히 사용하고 있다.

덜덜거리는 더운 선풍기로 굵은 땀방울 뚝뚝 흘리며 일하는 직원들이 새삼 고맙다. 평생을 살아와 더위에 익숙한 직원들도 연신 콜라, 환타를 사서 들이킨다. 게다가 차나 커피를 마실 때 각설탕을 서너개씩 넣는다. 다들 고혈압이 있을 것 같다. 다들 폭염, 사막, 열악한 인프라 속에서 서바이벌 하고 있으니 높은 역량을 기대한다는 것은 내 욕심이다. 폼 잔뜩 잡고 차드 들어와서 더위 하나 감당 못해 소금에 절은 배추처럼 퇴근하는 무기력한 나를 본다. 정신력도 불가마 앞에서는 소용없다. 빨리 더위가 지나가길.

아이들을 위한 컴퓨터 교실

드디어 기다리던 컴퓨터 교실이 문을 열었다. 작년부터 의욕적으로 그리고 우선순위로 이 작업을 준비해서 올 초에 서둘렀는데도 학교파업, 태양광 설치 지연같은 여러 변수들로 인해 6개월이 지나서야 겨우 시작하게 되었다. 4곳의 초·중등학교에서 운영될 예정인데(우리 기관이 학교 건축 할 때 별도로 마련한 컴퓨터 교실용 방이 있다) 우선 도시근교의 중등학교에서 시범적으로 실시하고 평가 후 나머지 시골지역에서도 시작할 예정이다.

컴퓨터 교실 운영은 그리 간단한 작업이 아니다. 우선 세팅 기간이 길다. 모두 전기가 없는 지역이라 태양광 설비를 먼저 해야 한다. 컴퓨터 용량을 감안해 전기사용량을 측정한 후 규모에 맞게 태양광을 설치해야 하

고 패널도 견고하게 고정시켜야 하고(태양광 패널을 지붕에 그냥 얹으면 강한 바람에 다 날라 간다. 학교 지붕도 뜯겨 날라 갈 정도로 이 사막바람은 무시무시하다) 무엇보다 중요한 배터리도 용량과 품질이 좋아야 날씨 변화에도 무리 없이 사용할 수 있다.

기증 받은 중고 컴퓨터도 일일이 체크해서 수리하고 프로그램 세팅도 다시 했다. 교육에 필요한 커리큘럼 제작과 번역 작업도 시간이 많이 걸리는 부분이다. 완전히 기본적인 부분부터 가르쳐야 하니 교재 구성이 쉽지가 않았다. 그리고 가장 중요한 것은 컴퓨터 강사훈련이다. 네 지역에 거주하는 사람 중 컴퓨터에 대한 기본 지식이 있는 자를 선정해야 하는데 시골지역의 경우 컴퓨터 지식은 커녕 고등학교 졸업자도 못 찾아 강사 구하는데 애를 먹었다. 선정한 이 4명의 예비 강사들도 실력이 천차만별이라 이들을 훈련시키는 강사 또한 많은 시간과 노력을 필요로 했다.

수업 첫날 방문해보니 학생들이 반짝반짝 눈을 빛내며 신기한 듯이 컴퓨터 앞에 앉아있었다. 켜고 끄는 기초부터 시작해서 자판 사용법, 워드문서기초 수업에 구슬땀을 흘려가며 강사를 쫓아갔다. 신청자가 많아 연

말까지 대기자가 있다고 한다. 한국에서는 흔해 빠진 컴퓨터를 이곳 중등학생들은 처음으로 직접 만지고 두드리고 있는 것이다. 컴퓨터만이라도 제대로 배우면 이들에게 구직의 문은 훨씬 넓을 것이다. 컴퓨터가 이들에게 꿈과 희망을 제공하고 있다.

그간 우리 봉사단원이 하나부터 열까지 세팅하느라 고생 많이 했다. 그는 이 프로그램을 잘 세팅하고 인수인계도 잘 마무리한 후 한국으로 돌아갔다. 지난 1년 동안 영어, 불어, 탁구, 수영, 요리 그리고 강아지 진드기 관리까지 여러 방면으로 열심히 알차게 배우고 향상시켜 떠났다. 한국 가서도 분명히 잘 살 것이다. 큰 키에 잘생기고 성격도 좋아 이곳 여학생들에게 인기 있었던 것처럼 한국에서도….

강제 철거당한 사업장 주민들

12월은 차드의 겨울이다. 우리도 낮에는 긴 티셔츠나 남방 하나면 충분하지만 밤에는 두꺼운 이불을 덮고 자야 할 정도로 밤에는 춥다. 차드 사람들은 한낮에도 파카나 두꺼운 털옷을 입는데 밤에는 오죽 추울까 싶다. 한 사업장의 운영위원회가 찾아와서 쌀과 담요를 지원해 달라고 했다. 집이 없어졌다는 것이다. 왜 있던 집이 없어졌냐며 화재가 난 줄 알고 물었더니 정부에서 마을의 집들을 허물어버렸다고 한다. 카메룬 국경지역에 위치한 정부 땅에다 주민들이 오래전부터 무허가로 집을 지어 살고 있었는데 주변개발을 한다며 정부에서 강제 철거를 한 것이다. 이렇게 철거당한 가구가 백여 가구가 넘는다고 했다. 아무 보상도 없이 철거하는데 왜 가만히 있냐고 하니 이게 처음이 아니라고 한다. 그렇게 강제철거 당하면 주민들은 인근으로 이주하는 사람도 있지만 대부분 무너진 집을 다시 보수하여 그냥 산다고 했다. 마땅히 갈 곳이 없기 때문이다. 그렇게 하길 이미 여러 차례라고 했다. 이 나라 공무원들은 정말 잔인하다. 가난한 사람들이 겨울나기가 얼마나 힘 드는데 하필 겨울의 문턱에서 가만히 있어도 추운 허름한 흙벽돌집을 무너뜨리는지. 몇 년째 부수고만 있다면 당장 개발할 것도 아니지 않은가?

마을 방문을 하니 부서진 흙벽돌들이 여기저기 뒹굴고 있고 그것마저도 다시 주워 보수작업을 하는 주민들이 여럿 보인다. 마을이장과 운영위원회와 미팅을 하면서 지원방안을 논의했다. 당장 먹을 쌀과 추위를 피할 수 있는 담요 등이 필요하다고 했다. 직원에게 지원할 주민 리스트를 만들고 필요한 부분을 조사하라고 했다. 그런데 이장이 갑자기 뜬금없는 말을 했다. 자기 집을 지어달라는 거다. 자기보다 더 가난한 마을 주민들이 각자 무너진 곳을 가족들과 함께 복구하고 있는데 이장이라는 사람이 마을 주민들 생각은 안하고 공식적인 미팅 자리에서 자기 집을 지어달라고 요청하다니 믿을 수가 없었다. 우리는 마을주민들의 공공복지를 위해서는 지원할 수 있지만 특정 개인의 집은 지원하기 어렵다고 했더니 이미 예상했다는 듯 대답했다. 괜히 한번 떠본 것인지 알다가도 모르겠다. 어쨌든 이 마을 주민들은 이번 겨울에도 집을 보수하여 이곳에서 그냥 살 것이다. 우리가 지원해주는 쌀과 담요, 기타 물품들로 이번 겨울은 버틸 수 있을 것이다. 하지만 몇 년, 몇 달이 걸릴지 모르지만 정부는 또 철거하러 올 것이다. 정부에 진정서라도 제출해야겠지만 공무원 파업은 끝날 줄을 모른다.

생기가 가득한 우기

건기의 차드는 온 천지가 황토색이다. 황토색 땅, 황토색 바람과 먼지, 그리고 지역주민들의 집마저 황토색 흙집이라 마치 흑백 텔레비전을 보는 듯하다. 도로가의 나무들도 말라죽어가는 것처럼 보이고 푸른 초장은 커녕 바싹 마른 땅에서 뭐라도 건지려는 듯 소와 염소들이 코를 박고 있다. 황량한 들판은 차드가 사막국가임을 여실히 알리고 있다.

건조한 날씨는 우리 피부의 습기를 모조리 빨아들이는 듯하다. 바셀린을 떡칠해도 발꿈치가 갈라지고 입술도 자주 갈라져 피가 난다. 바람이라도 한번 불면 얼굴에 땀과 먼지가 뒤범벅이 되어 물티슈로 닦아내면 황토색 먼지가 파운데이션 바른 것처럼 묻어나온다. 그래서 집에 오면 가장 먼저 죽염으로 코와 입을 세척한다. 그래도 기관지염은 만성이 되어간다.

황토색 세상은 우기가 시작되자마자 언제 그랬냐는 듯 금방 초록색의 칼라로 변신을 한다. 말라붙었던 대지 속에 잠시 숨어있었던 것처럼 풀들이 금방 돋아난다. 짚처럼 바싹 마른 풀잎에 코를 박거나 나뭇잎을 따먹기 위해 애처로이 나뭇가지에 매달려 있던 염소와 양들이 이젠 여유롭게 풀을 뜯어먹고 있다. 앙상하게 말랐던 가축들도 비가 오니 살이 오르는 것 같다. 사막에 비가 오니 확실히 사람들의 얼굴에 여유가 생긴다. 비는 대지 뿐만 아니라 사람에게도 영양소를 주는지 생기를 되찾는다. 내리는 단비를 바라보며 생각한다. 나는 이 땅에 어떤 영양소를 공급하고 있을까? 어떤 영양소를 공급해야 단비처럼 사람들이 생기를 되찾을 수 있을까?

언제나 버거운 건축업무

나는 건축 업무가 언제나 버겁다. 좋은 건축업자 선정해서 건물 지으면 될 것 같지만 결코 단순한 업무가 아니다. 직원들을 건축업체의 유혹으로부터 지켜내기 위해 많은 노력을 기울여야 한다. 입찰을 통해 건축 업체 서류 확인하고, 인터뷰하고, 업체별 완공 건물 확인하고, 최종 업체 선정은 직원들을 배제하고 직접 한다. 계약서에 직원과 뒷 거래가 있을 경우 즉시 공사를 중단하고 위약금을 물어야 하며, 직원은 해고 조치한다는 조항을 특히 강조하고 증인도 세운다. 그 후 감리회사를 선정해서 한 달에 한번 건축 과정 리포트를 받는다.

완공 후 건축업자와 진행하는 랩업 미팅 때도 공사가 투명하게 진행되었는지 반드시 확인한다. 하나같이 자신이 얼마나 투명하게 건축했는지 장황하게 늘어놓는다. 나는 그의 말이 아니라 태도를 관찰한다. 지나치게 오버하거나, 자세를 여러 번 바꾸거나, 눈동자가 흔들린다면 좀 더 의심해 볼 필요가 있다.

직원도 따로 불러 질문한다. 아무리 빨리 배우고 유능한 직원이라도 투명성과 관련된 부분에서 안 좋은 소문이 들리면 승진에서 제외된다. 사실이 아니라면 억울하겠지만 투명성 문제에 있어서 만큼은 소문조차 나지 않도록 하라고 직원들에게 늘 강조한다.

차드는 몇 년전 국가 투명성 조사에서 꼴찌를 했다. 2016년 통계를 보면 조금 나아졌다. 대통령은 커럽션과의 전쟁을 선포했지만 여전한 관행이다. 아프리카는 수 백년의 식민지 역사와 더불어 원조 또한 오래되었다. 외부 지원과 함께 커럽션은 본격화되었고 관행으로 굳어졌다. 정기적인 훈련과 마인드셋, 종교적 신념을 얘기하지만 바로 앞에 놓인 유혹을 극복하기엔 많은 시간과 노력이 요구된다. 비단 건축뿐만 아니라 작은 물품을 구입할 때도 종종 견적서와 영수증을 조작한다.

예전 한 국가에서 구입관련 직원들이 매번 문제를 일으켜 운전사와 직접 가서 가격을 협상하고 구입했다. 차에 물품을 싣고 떠날 찰나 상점주인이 운전사에게 빛과 같은 속도로 돈을 찔러주는 것을 포착했다. 물론 모든 직원들이 이렇진 않다. 꽤 신실하고 정직하려 애쓰는 직원들도 있어 위로를 받는다. 하지만 정책, 규정, code of conduct 같은 시스템을 아무리 보완해도 한 순간에 그동안의 노력을 물거품으로 만드는 일부 직원들의 재주에는 당해 낼 수가 없다. 어쩌면 이 나라에서 우리는 단지 '을'인 듯 '을' 아닌 '을' 같은 갑이다. 우리가 목표로 하는 로컬 리더십을 세우기까지는 가야 할 길이 멀지만 우리 직원들이 머지않아 현지 관례를 극복하고 책임성과 투명성을 갖출 수 있으리라 믿는다.

황당한 편지들

1 어느 날 한 사람이 불쑥 내 방으로 들어섰다. 아랍어를 하는데 알아들을 수가 없어서 직원을 불러 통역시켰다. 정부 NGO 관리국장이(NGO를 관리하는 게 아니라 뜯어먹기로 악명 높다) 보냈다며 그가 써준 편지를 건네주었다. 직원이 읽어보더니 이렇게 번역을 해주었다.

'이 사람은 우물시공업체 대표로 내 친척임. 당신 기관에서 올해 우물 5개 팔 계획이라고 했지? 그 사업 이 사람에게 다 줄 것!' 내가 지 시다바리가~

2 어느 마을 지역개발위원이 레터를 보냈다. 대개 불어나 아랍어로 쓰는데 펼쳐보니 놀랍게도 영어로 작성되어 있었다. 이곳에서 영어 가능한 사람은 상당한 지식계층이다. 본인이 작성했거나 누구에게 번역을 맡겼을수도 있다. 지역개발위원이라면 대게 지역의 현안 문제 즉, 학교가 없는 곳에 학교를 지어달라거나 보건소 건축, 혹은 소득증대 프로그램에 대해 제안하거나 논의하자고 레터를 보내는 경우가 종종 있다. 하지만 거기엔 이렇게 적혀 있었다.

'I am hungry, give me food(나 배고파, 먹을 거 좀 줘).' 차라리 날 잡아 잡수~

3 인터넷이 자꾸 끊겨 인터넷 회사에 여러 번 컴플레인을 했다. 그래도 방문하지 않다가 계약종결 레터를 보냈더니 빛의 속도로 달려왔다. 서비스 좋게 할 테니 한 달만 서로 더 체크해보자고 통사정을 했다. 계약서를 보니 좀 애매하게 해석되는 부분이 있어서 그럼 한 달 동안 서로 체크해보

고 안되면 그대로 종결하는 거라고 말했더니 알겠다며 돌아갔다. 잠시 좋아졌다가 다시 먹통이 되어 약속대로 종결했다. 그랬더니 이런 레터를 보내왔다.

'우리 서비스는 아무 문제없으므로 당신들이 1년 치 계약금 전부 보상할 것.' 내가 지 봉이가?

이런 황당한 편지를 차드에서는 가끔 받는다. 처음 받을 때는 어안이 벙벙했는데 자주 받다 보니 그러려니 한다. 편지를 받고 웃어넘기거나 무시할 때도 있고 전투를 벌일 때도 있다. 우물업체나 인터넷 회사든, 공무원이나 지역개발위원들은 다들 이곳에서는 배운 사람들에 속한다. 그럼에도 불구하고 개념 없는 말과 태도로 우리더러 차드를 너무 모른다며 적당히 하모니를 이루는게 외국인으로서의 도리라고 충고한다. 잘 화합하고 조화를 이룬다는 하모니의 원래 뜻은 적당히 타협하라는 뜻으로 변질되어 있다. 하모니를 이루는 것이 나의 주된 역할인가 생각해 본다. 문제를 잘 풀라고 나를 여기 보낸 것이지 않나? 나의 역할 중 하나는 옳지 못한 것을 올바르게 만드는 것이라 생각한다. 올바르게 만드는 과정에서 당연히 갈등이 발생할 수밖에 없다. 적당히 타협하면 나도 편하다. 그래서 때론 편한 길로 가고 싶은 마음도 굴뚝같다. 하지만 차드같이 부정부패가 관습화되어 있는 곳에서의 타협은 위험요소가 많다. 이 사회의 문제들에 대한 해답은 매뉴얼이나 규정이 아니라 차드에 대한 깊은 통찰과 과감한 결정 그리고 갈등을 용기 있게 돌파하려는 자세에 있다고 믿는다. 한 때 살아있는 천사라고도 불렸었던 내가 자꾸만 전사가 되어간다. 사막의 여전사!

시골마을에 수수조합을 만들다

차드의 주요 농산물은 면화, 땅콩, 쌀, 수수 등이다.

그 중 건조한 땅에도 쉽게 경작할 수 있는 수수농사를 시골의 무슬림 마을에서 시작하기로 했다. 원래 수수농사를 주로 하던 지역이라 기존의 수수경작 농민들에 추가로 다른 농민들을 더 모집하여 200명을 조합원으로 구성하였고 임원도 선출하였다. 정부 농림부와 파트너십을 맺고 훈련 프로그램을 시작했다. 농림부 직원이 정기적으로 방문하여 생산에 필요한 지식과 기술을 조합원들에게 전수하였다.

종자, 비료, 농약은 우선 지원하고 수확 후 환불하기로 했으며 기존에 있던 마을 창고 규모가 작아 한 동을 더 짓기로 했다. 주민들이 직접 구운 흙벽돌로 건축할 예정이다. 차드호수와 떨어져 있는 지역이라 농업용수가 풍부하지 않아 식수펌프를 몇 군데 설치하여 물을 댈 수 있도록 하였다.

현장을 방문하니 예전에 마을에 지원했으나 한동안 방치되어 있던 트렉터가 말끔히 수리되어 흙먼지 풀풀 날리면서 신나게 밭을 갈고 있었다. 각종 농사도구를 들고 나온 조합원들과 함께 소박한 발대식도 가졌다.

나는 농사가 참 좋다. 시골에서 공무원으로 근무 할 때 영농지원 차 모내기, 벼 베기, 과수원 적과 등을 잠깐 해본 정도지만 그때의 체험이 내 삶에 큰 영향을 주었다. 힘이 들고 날씨에 민감하고 노력에 비해 큰 수익을 낼 수 없는 한계가 있지만 농업은 먹거리를 생산하는 중요한 생명산업이다. 시대가 변하고 다른 산업이 발전할수록 더욱 중요성이 높아지고 있다. 미래학자, 투자자들은 농업의 시대가 도래하고 있다며 미래 가장 유망하고 잠재력이 뛰어난 산업으로 꼽을 정도로 농업은 식량안보에 중요하다. 케냐에 있을 때 혼자 책보면서 독학으로 텃밭에 채소를 키우기도 하고 차드에서도 좁은 베란다에 채소를 키우며 언젠가는 소규모지만 농사에 도전해 보리라 다짐했다.

그래서 주민들이 소득증대 프로그램 중 농업분야를 할 때 가장 설렌다. 이제 처음 시작하지만 올해 좋은 날씨 속에서 풍성한 결실을 맺으면 좋겠다. 그러면 좋은 가격으로 WFP에 납품되어 주민들의 소득이 많이 향상될 것이다. 단, 조합을 운영할 때 항상 신경 써야 하는 부분이 조합원과 직원들의 투명성이다. 어떤 매뉴얼과 규정을 만들어야 이 부정부패가 만연한 차드에서 이들이 실수하지 않고 지속적으로 잘 운영할 수 있을지 늘 고민이다. 어떤 일에든 리스크가 따르긴 하지만 한 단계 한 단계씩 밟아 나가다 보면 그들 스스로 깨달을 것이다. 그들 스스로 빈곤의 문턱을 넘어설 날을 기대해 본다.

오랜 기다림 끝에 열린 보건소 오프닝 행사

차드는 은자메나와 몇 도시를 제외하고는 Health Center (보건소)가 의료시설을 대신한다. 하지만 그 보건소마저도 없는 마을이 많다. 어느 마을이든 주민들의 공통된 요청사항이 학교, 우물, 보건소를 지어달라는 것을 보면 교육과 물, 의료 인프라의 부재가 사람들에게는 가장 절박한 것이다.

2, 3년 전, 사업장 세 곳에 지역의 요청으로 Health Center를 건축했었다. 한 사업장은 현재 잘 운영되고 있고 나머지 사업장은 정부 등록의 긴 프로세스를 진행 중이다. 보건소 프로그램은 우리 기관이 전적으로 맡아서 하는 것이 아니라 파트너십을 통해 역할을 분담한다. 건축에서부터 운

영까지 모든 것을 전담하는 기관들도 많지만 우리는 건축과 초기 세팅비 지원, 모니터링과 평가만 한다. 건축 완공 후, 마을 운영위원회에서 보건부에 등록하는 절차와 의료진 파견 요청을 하면 보건부에서는 서류를 검토하여 의료진을 파견한다. 그 후 보건소 운영은 지역사회의 운영위원회가 주관한다. 사실 건축완공 후 정부등록 및 의료진 파견까지는 많은 시일이 걸린다. 정부의 프로세스 자체가 느린 부분도 있고 의료진의 부족, 공무원 파업이 원인이 되기도 한다.

그 동안 지연되었던 한 시골사업장의 보건소가 마침내 오픈을 하게 되었다. 운영위원회에서 정부에 수차례 공문을 보내고 방문하기를 거듭한 결과 등록이 완료되었고 몇 달 뒤 의료진도 파견되었다. 우리기관과 운영위원회는 서로의 역할, 책임과 의무, 관리운영방법에 관한 내용을 담은 협약을 하고 세팅에 필요한 물품을 체크했다. 보건소에는 반드시 전기가 설치되어 있어야 한다. 백신을 냉장 보관해야 하기 때문이다. 우선 태양광 시스템을 설치하고 태양광 전용 냉장고를 구입하였다. 또한 야간응급진료 등을 위해 전등도 설치하고 그 밖에 의료용 침대와 집기, 의약품 등을 지원했다. 늘 뜯어가기만 하던 보건부에서도 의료용 물품을 기증했다. 정부 차원에서 주민들에게 뭔가 지원하는 것은 2년이 다되어 가는 동안 처음 봤다. 주민들이 고마워해야 하는데 내가 오히려 감사하다며 인사를 건넸다.

앞으로 지역 운영위원회가 주민들로부터 저렴한 진료비를 받아 운영할 것이다. 우리 직원들은 지역건강의 구심점 역할을 잘 할 수 있도록 투명하고 지속가능한 운영을 위한 모니터링을 계속 할 것이다. 이 보건소를 통해서 말라리아나 장티푸스, 풍토병으로 고생하는 주민들이 건강한 삶을 조금이나마 누릴 수 있길, 특별히 산모들의 건강을 돌봐주고 영아사망율을 낮출 수 있는 구심점이 되길 간절히 바란다. 전 세계에서 다섯 손가락에 꼽힐 정도로 5세 미만의 영아 사망률이 높은 이곳에서 태어나자마자 세상의 빛도 제대로 못보고 떠난 수십만 어쩌면 수백만의 아기들을 위해서라도.

생명수 같은 식수개발사업

시골마을을 지나가는데 주민들이 플라스틱 통에 끈을 묶어 땅 속에 있는 물을 긷고 있었다. 주민들이 삽으로 구덩이를 파서 만든 전통적 방법의 우물이다. 물색깔이 뿌옇게 탁하고 부유물이 많다. 빨래하기도 꺼림직 할 정도로 더러운데 주민들은 이 물을 길어다 찌꺼기를 가라앉히고 윗물을 떠서 요리도 하고 생활용수로도 사용한다. 이마저도 물을 긷기 위해 먼 거리를 걸어와야 한다. 이 일은 여성들과 아이들의 주요 일과 중 하나다. 차드는 강수량이 많지 않은 건조성 기후라 아시아처럼 빗물을 받아 식수로 사용하거나 저수지에 저장하는 것이 불가능하다. 한때 세계에서 가장 큰 호수라고 불렸던 차드 호수는 1960년대 수면이 2만6천km^{2}에서 2000년에는 1,500km^{2}으로 95% 가량이 줄어들었다. 지구 온난화로 급격히 사막화가 진행되고 있으며 지금 속도라면 20년 후에는 호수가 사라질 수 있다는 경고도 내려졌다. 차드호수 주변 국가들, 나이지리아를 포함한 4개국은 사막화 방지를 위해 물 낭비를 줄이고 그 일대에 나무를 대대적으로 심어왔으나 점점 사라지는 차드 호수를 구해낼 방법이 없다. 호수 일대에서 식수, 농업용수를 사용하던 200만 명의 주민들의 생계도 점점 힘들어져

간다.

세계보건기구에 따르면 매년 5세 미만의 어린이 1백 20만 명이 수인성 질환으로 사망하고 있다. 웅덩이나 하천의 물을 여과 없이 사용하여 콜레라나 장티푸스, 설사 같은 수인성 질환에 쉽게 노출된다. 안전한 식수로의 접근성을 높이기 위해 유엔과 NGO 등 많은 기관에서 깨끗한 식수개발에 중점을 두지만 아직도 역부족이다. 우리 기관도 매년 학교나 지역사회에 식수개발 프로젝트로 수동펌프식 우물을 설치하고 있다. 국가마다 식수개발비용은 천차만별이다. 물 부족이 극심한 케냐의 경우 기후변화로 강수량이 줄어들어 반복되는 가뭄과 점진적으로 진행되는 사막화로 지하수 개발이 용이하지 않다. 지하수를 찾기도 힘들 뿐만 아니라 지하 100미터 이상의 암반수를 끌어올리는 비용이 적게는 5만 달러에서 10만 달러까지 든다. 차드는 암반을 뚫지 않고도 60미터에서 100미터 사이에서 풍부한 지하수를 사용할 수 있어 비용은 2천 달러에서 4천 달러 정도로도 가능하다. 물론 오지나 사막지역으로 갈수록 비용은 높아진다. 한 개의 우물로 수백 명의 주민들이 안전한 식수를 사용할 수 있으니 식수개발은 물부족으로 고통 받는 이들에게 생명수를 제공하는 것이다.

선진국들이 야기한 문명의 노폐물인 지구온난화는 아이러니 하게도 아프리카에서 그 대가를 지불하고 있다. 특히 아프리카의 가난한 사람들이 더 많은 고통을 당해야 한다. 지구온난화를 가속화시킨 우리는 나중에 이 막중한 책임과 부채의식을 어떻게 감당할 수 있을 것인가?

짚으로 만든 커뮤니티 학교

마을 공터에 들어서니 나뭇가지와 짚, 수숫대로 얼기설기 엮어놓은 움막이 몇 개 놓여있었다. 움막 하나가 한 개의 교실역할을 하고 있는 것이다. 지역 주민들이 아이들을 교육시키기 위해 서로 힘을 모아 짚을 엮어 교실을 마련하였다. 하지만 사막의 강한 바람에 붕괴되기 십상이라 자주 보수를 해야 하고 우기에는 비를 막아주지 못해 아예 수업을 할 수도 없다.

움막 안으로 들어가니 흙벽돌로 만든 의자에 아이들이 올망졸망 앉아서 공부하고 있었다. 이들에게 교과서나 노트, 필기도구는 사치에 가깝다. 그래도 눈빛들은 초롱초롱하게 빛이 나고 있었다.

차드의 시골환경은 상당히 열악해 마을 가까이 학교가 있는 경우는 드물다. 보통 집에서 1시간 이상을 걸어가야 학교가 나온다. 그렇게 힘들게 도착한 움막 학교는 변변한 교재도 없이 글자와 숫자를 배우는 정도의 수업이 이뤄진다.

그동안 지역리더들이 학교건축을 위해 여러 번 사무실로 방문했었다. 지역운영위원회, 학교교사들과 미팅을 하면서 교실과 화장실, 식수개발 등 사업전반에 걸쳐 건축규모 뿐만 아니라 서로의 역할분담에 대한 논의도 했다. 지역에서 흙벽돌을 구워 제공하는 부분, 착공식이나 완공식 행사를 지역에서 주관하는 것, 그리고 완공 후 커뮤니티와 교사, 학부모로 구성된 학교운영위원회가 함께 유지 관리하는 것 등이었다. 그 후 건축업체와 감리회사 선정, 모니터링, 하자보수 등 일련의 제반과정을 거쳐 10여 개월 만에 학교건물이 완공되었다.

커뮤니티에서 준비한 완공식에 참석하기 위해 학교에 도착하니 전교생들이 어린 꼬마에서부터 고학년까지 다들 틀어놓은 음악에 맞춰 춤을 추고 있었다. 아프리카 사람들은 날 때부터 리듬감을 가지고 태어나는지 확실히 몸놀림부터 달라 넋을 잃고 한동안 쳐다봤다. 한국처럼 격식을 갖춘 행사는 아니었지만 내빈들과 지역유지, 학부모와 교사, 학생 등 수백 명이 함께 어우러진 차드다운 축제의 한마당이었다.

대부분의 경우 학교를 건축하고 나면 학생수가 두 세배 급증한다. 학교가 멀어서 그동안 다니지 못했던 아이들도 등록하고 장거리 학교를 다녔던 아이들도 이 학교로 전학 오기 때문이다. 이 학교도 완공되기 전에 벌써 백 여명이 증가해서 교실을 더 증축해야 할 것 같다. 앞으로 이곳에서 방과 후 교실, 컴퓨터 교실, 교사교육 등 여러 가지 프로그램을 지역사회와 함께 진행할 것이다. 이 학교가 커뮤니티의 구심점 역할을 잘 할 수 있기를 기대하며… 아이들의 꿈은 곧 지역의 희망이다.

아웃 오브 아프리카

차드를 끝으로 아프리카를 떠났다. 일하던 기관에 사직도 했다. 그 동안 걸렸던 여러 질병으로 면역이 저하되었다. 숨 가쁘게 달려왔던 시간을 내려놓고 호흡을 고르고 회복의 시간을 가지려 한다.

달력과 다이어리를 옆에 끼고 계획을 짜고 실행했던 삶에서 대책 없이 쉬는 삶 속으로 들어가는 게 낯설게 느껴지겠지만 삶이 바빠야 한다는 것은 잘못된 생각이다. 어쩌면 바빠야 이 세상에서 덜 불안하고 덜 우울하게 느낄 수 있기 때문일지도 모른다.

내 속에 있는 열정이 다시 일어나면 짐을 또 싸야겠지만 당분간 무계획으로 사는 것도 나쁘진 않다.

아쉽고 안타깝게 떠나야 했지만 내 마음속에 국제개발의 불씨를 지폈던 아프가니스탄 사람들. 아시아의 순박함과 친절함, 그 속에 강인함과 지식에 목마름을 가진 캄보디아 사람들. 아프리카를 확실하게 경험하게 한 다이나믹하고 열정적인 케냐 사람들. 그리고 거친 사막 속에서도 고군분투하며 누가 뭐래도 꿋꿋이 삶을 살아내는 차드 사람들.

내가 그 땅에서 삶을 살도록 허락한 각 나라에 감사한 마음이 든다. 어려운 일도 많았지만 그건 내가 그 곳을 잘 알지 못해서 생긴 일이 대부분이다. 잘 모르면서 만용을 부리지는 않았는지 얄팍한 지식으로 함부로 가르치려 들진 않았는지. 열악한 환경에서도 일상의 삶을 담담히 살고 있는 인생 선배인 그들에게…

눈을 감으면 떠오르는 얼굴들이 있다.

젊음을 불태우고 간 아프간 봉사단원 민정이와 효진이, 알코올 중독 아버지에 의해 세상을 떠난 시골사업장의 눈이 크고 맑았던 우리 꼬마, 승진한지 얼마 안 되어 교통사고로 세상을 떠난 케냐 매니저. 다들 하늘나라에서 지켜보고 있을 것이다.

지금 이 시간에도 지구의 한 모퉁이에서 구슬땀을 흘리며 가치와 진정성을 찾고 있을 활동가들에게 격려의 박수를 보내며……

감사합니다. 타샤코르, 어꾼 찌란, 아싼테, 메르씨, 슈크란~

2003년 8월 부터 2018년 8월까지, 휴직 등으로 귀국했던 기간들을 빼도 12년 4개월 동안 해외를 떠돌다보니 고국에서의 일상이 낯설게 다가온다. 오랜만에 경험하는 한국의 사계절 풍경은 새삼 이 땅이 아름다운 나라이며 축복받은 환경임을 깨닫는다. 한국인으로 태어난 것 또한 감사하다. 동방의 작은 나라, 그마저도 분단되어 전쟁과 빈곤을 통과했지만 지금은 이 조그만 땅에서 활동가들을 배출하여 가난한 국가로 끊임없이 파견하고 있다. 짧은 기간 내에 도움을 받던 나라에서 도움을 주는 나라가 되었으며 이로 인해 나 또한 해외에서 다양한 경험을 할 수 있었다.

요즘 지난 시간을 되돌아보고 있다. 치부라고 여겼던 달동네 어린 시절의 경험은 농촌마을 저소득 주민들의 복지지원 활동으로 이어졌고 그것은 다시 가난한 국가의 지역개발활동으로 맺어졌다. 그래서 신은 인간의 좋은 경험이든 나쁜 경험이든 다 사용하여 결국 합력하여 선을 이루게 하신다.

어쨌든 나의 이런 노력으로 더 나은 세상을 만드는 데 도움이 되었는지, 직원과 지역주민들은 나로 인해 좀 더 행복해졌는지, 그리고 무엇보다 그들로 인해 나는 진정 행복했는지 질문을 던져본다.

한 가지는 확실하다. 행복한 자들이 행복한 세상을 만든다. 내가 행복하지 않고서는 타인을 행복하게 할 수 없다. 행복이란 어떤 특별한 것이 아니라 좋아하는 사람들과 더불어 살면서 웃고 싸우다 화해하는 일상의 반복이다. 그렇게 지나고 나면 아름다운 추억으로 자꾸 떠오르는 그런 삶인 것이다.

봉사단원 면접 볼 때 이렇게 당돌하게 말했었다.

"일할 수 있는 나이를 70세까지로 본다면 전 딱 반을 살았습니다. 나머지 반을 더 잘 살기 위해 터닝 포인트가 필요해서 지원 했습니다"

이젠 100세 시대가 되었다. 그런 의미에서 나는 또 중반을 겨우 넘었을 뿐이다. 나는 여전히 길 위에 서 있다.

끝으로, 매번 나의 생뚱맞은 결정들을 쉽지 않았을텐데도 반대하지 않고 응원해준 우리 가족들에게 감사함을 전한다. 이들은 나의 응원부대다.